長途旅客
豆苗先生／著
FUTURE

推薦序

在盡頭之前

陳曉唯

已故日本作家山本文緒曾寫過一篇短篇小說〈渦蟲〉。

故事裡，女主角罹患乳腺癌，切除乳房並進行重建手術，為了防止癌細胞擴散，需長期回診，進行賀爾蒙治療。然而，因為外表上看來已然無恙，致使周圍的人無法看出她仍處於病痛之中。母親見她整日在家無所事事，經常有意無意地提醒她該回到職場去了；男友甚至曾對她口出惡言地說：「不是都治好了嗎？妳已經不是癌症患者了，為什麼還一直把癌症掛在嘴邊當成藉口？」

起初並不是這樣的。當她因病必須切除腫瘤，並進行乳房重建手術時，親友與情人也曾殷切地呵護著她，只是不知道何時一切都變了，直到她發現時，已經一再面臨親友、情人的態度丕變，而身處於術後的無望的長期治療之中，更讓她感到茫然無措與無所適從。她一邊忍受著頭暈、噁心、失眠與胸部刺癢，這些外人無法理解與看見的痛苦，一邊聽著他們反覆地控訴著：「妳的病已經痊癒了，不要再說自己是癌症患者。」她想著，明明我就是癌症患者，我的痛苦從未結束，甚至可能沒有終結的一天，為什麼你們卻看不到呢？為什麼你們能對我的病痛妄下判斷，擅自主張地認為我已經痊癒了呢？

難道是因為你們比我更害怕，於是用「痊癒」來劃清界線？

她回想起自己的一生。長相不夠出眾，能力不夠卓越，沒有任何得以說嘴的豐功偉業，始終庸庸碌碌地活著，然而，因為是人，於是有生老病，並且懷有欲望，渴望愛人與被愛，有著人的缺陷，膽小無能、小奸小惡、偷懶貪心。

她想著，像我這樣的人，活著究竟是為了什麼呢？

因此，在故事中，她渴望能夠成爲「渦蟲」。渦蟲生活在清淨的溪水裡，長年藏匿在小石頭之下，樣貌不可愛，所以不爲人所熟知與在乎，但因爲是蟲而不是人，所以不必理會這些；即使受傷了、被切斷了，還能夠從傷口或斷面再生，自我修復，免除病痛與死亡帶來的恐懼；更不用擔心性欲的問題，當長大到某個程度，便會自己進行斷裂生殖。簡簡單單的，如果能成爲一隻渦蟲該有多好。

因為沒有人在乎渦蟲。無人在乎就無所謂傷口與疼痛，亦不需要喜怒哀樂，更無所謂存在與否。若能成為渦蟲，便能自我分裂，在這樣的世界裡，無所謂你或我，也就無所謂我們。

閱讀豆苗的《長途旅客》時，總想起〈渦蟲〉，想起傷口與疼痛，想起喜怒哀樂，想起存在或不，想起你或我，想起我們。

我們是何時發現自己其實並不完美的？又是何時發現自己對世上許多事情無能為力？更是何時發現自己其實是個膽小無能、小奸小惡、偷懶貪心的人？我們或許早已失卻一個確切的時點，於是我們經常用兩個字總結這些發現：

「長大」。

彷彿長大就會如此，但真的嗎？長大真的讓我們釐清什麼嗎？例如我們並沒有因為長大而懂得更多，沒有對痛苦無感，沒有更智慧圓融，沒有更善良謙卑溫和懂事，沒有更勇敢無懼或積極努力，甚至連欲望也只是不斷地在各種人事物間移轉，整體而言未曾稍減。長大的我們並沒有靠近理想或夢想更多，沒有變成我們所以為的模樣。為此，我們不禁自我懷疑，我真的長大了嗎？或是長大從不是我們所以為的那樣。

只是我們別無選擇，時間不會為誰停留，我們被迫在時序洪流中長大。長大之後，我們仍是我們，但也不再是我們。

當意識到「長大」竟是如此無助時，除了絕望，我們還擁有什麼？關於長大與絕望，豆苗在書中寫了這一段話：「長大好痛苦，除了哭跟裝沒事以外，我不知道還能用什麼方式處理情緒，沒有辦法像以前一樣挪出大量的時間替自己療傷。只能不斷地消磨自己的靈魂。」

絕望是個暫停鍵，告訴我們必須停止讓自己無能為力的一切，避免繼續消磨靈魂。然而，即使避免了靈魂的消磨，絕望仍然存在。面對絕望，我們還能做些什麼？

想起某次去醫院探望進行癌症化療的朋友時，他說了類似的話：「生病之後，終於有時間靜下做些過去沒辦法做的事，看書、發呆、睡覺，不用再為了別人眼中的我，不斷地消磨我自己。」當時的他閱讀大量的旅遊書籍，病床旁堆放多本遊記。一同前往探病的朋友聽完後遂不自覺地問他：「等康復之後，你會想去哪嗎？」

他聞言後苦笑著說：「為什麼你會覺得身體能夠康復呢？有些事情一旦發生了就是一生一世了。」

朋友聽到他的回答後說：「如果覺得自己永遠不會好，那為什麼還要讀這些書？」

他說：「因為還是得要活下去，沒有目的地、沒有終點那樣地活下去。」

活下去就像是沒有目的地與終點的旅行。

《長途旅客》書寫描繪著每個人生命中各種「活下去」的瞬間。無法確知目的地，無從設立終點，無力規劃行程，充滿各種意外，除了走在路上，我們別無選擇。即使如此，我們還是渴望擁有些什麼，如同〈渦蟲〉的女主角，時而幸福，時而悲傷，時而愛人與被愛，時而愛錯與錯愛，更多時候，只是不斷地受傷，永遠無法痊癒般地一直受傷下去，在絕望裡學習停止，停止靈魂的消磨，也在絕望裡學習向前，讓靈魂即使被消磨也存有意義。

於收錄〈渦蟲〉的短篇小說集中的另一篇〈有愛的明天〉裡，山本文緒寫了一段話語：「不知道自己的未來，茫然不安，希望有人告訴自己哪裡做錯了，這種心理我不是不懂。佇立於迷霧，徘徊而無法邁開步伐，希望有人告訴自己『往哪邊走』，不管是誰都好，這種時刻我也經歷過。比起自由自在地活著，不如有人告訴我怎麼做更輕鬆。」

豆苗在書裡嘗試著完成這樣的「對話」，但他並非為了告訴任何人該怎麼走，該往哪邊走，而是讓佇立迷霧中的我們，即使茫然無措與徘徊躊躇，即使沒有目的地與終點，即使要一直走下去，我們仍能在苦痛中感到寬慰與溫柔，因為我們知道世上有一個人曾試著理解與共感我們，如同豆苗所寫的：「我們互相打擾，但也互相依賴。」

互相打擾，互相依賴，在絕望裡，我們相濡以沫，在不可知的盡頭之前，我們或曾害怕，但也不再害怕了。

（本文作者為作家）

自序

漫漫長途，你我都是旅客

「你到底在難過什麼？」

因為自己從小就是高敏感族群，總是比他人更容易受到質疑。

我常想，隨著社群蓬勃發展，明明能夠闡述想法的媒介變多了，為什麼我們無法暢所欲言，甚至還限縮得越來越狹窄？

我時常被教訓，不該展現自己的心情，因為別人會利用這點攻擊你、別人不想知道你那麼多狗屁倒灶的心事等等，長年壓抑的結果就是，我的身心生病了。這是一場痛苦的戰爭，加上社會對於身心疾病的妖魔化，我始終找不到自己的救命稻草。

市面上有很多懶人包跟經驗分享，許多深受身心疾病困擾的人，是如何幸運的透過醫療、親友的協助，擺脫憂鬱的困境，走向全新人生。

但是，那些比較不幸運的人們呢？在醫療協助下仍無法康復，親友也無法理解他們的人們呢？除了自救，還能怎麼辦？

當我意識到自己是屬於沒那麼幸運的那群時，試著慢下腳步認識自己，練習將所見所聞寫下來，對於所有經歷過或聽到的故事，透過自我詰問，找到真正的想法。

開始這麼做以後，我發現自己好像比較能控制住情緒了，原來把故事說出來並重新思考，是這麼有幫助的事，於是我便開始這類型的圖文創作，說自己，也說別人的故事。

所以這本書誕生了。

這世界上還有好多好多，我們都還想不透的事情，我用一年記錄下來，再讓我用一生去思考這些問題的答案吧。

也希望有一天，你們在人生這趟旅程，不再需要用這本書找到歸屬感，而是有個人，能夠真正的擁抱你。

漫漫長途，你我都是旅客。

目次

第一章

出發

豆苗，我們走吧！
好。

打從有意識以來
我就覺得自己的生活存在著好多矛盾
沒有人告訴我標準答案是什麼
我只能半推半就的往前走
儘管這條路痛苦地沒有意識

♪ supercell – Utakata Hanabi

新生開學座
時間

手心

有個朋友跟我分享過他的童年。

因為家境關係，爸媽總是得加班工作，不常在家。開學典禮、親師座談、成果發表會，這些場合也都不曾有過他們的身影。

他知道他們不是故意的，但難免會感到一點落寞。

所以小時候他都會把他們畫在手心上，合照的時候舉起雙手，好像他們也在一樣。

「你畫這什麼在手上啊？」
「我爸媽。」
「你好奇怪。」
每次被講奇怪的時候，他都會很想哭。

「我不是幸運的孩子，我只能學會提早懂事。
「但我真的是個懂事的孩子嗎？
「有一次晚上睡覺時，媽媽走進房裡，幫我蓋好棉被後，坐在床邊掉眼淚，因為桌上有我刻意放著的發表會合照，有我顯眼的雙手與手心上的圖案。當時我心裡頓時感到一絲懊悔，我那無聲的抗議似乎在她心上造成了重擊。當她關上門後，我咬緊棉被，試圖讓自己不哭出聲來。

「我知道他們愛我，只是我們都沒有辦法。」

真空關係

與家人之間的爭吵，是至今難解的謎題。

「為什麼你永遠不懂我？」這樣的話總是在彼此之間遊蕩。

我的房裡貼著小時候買回家的星空夜光貼紙，每當我和他們抗戰完後，把自己關在這個狹小黑暗的空間時，那些夜光貼紙會隱隱發亮，耳邊原本嗡嗡作響的爭吵也會逐漸平靜。

這裡就像一個小宇宙，好像一切都會歸於寧靜。

到了半夜，有時候我會偷偷從門縫偷看外面的情況，有很多話想說，但感覺永遠傳達不到。

因為這裡剛好是宇宙，我們的關係就像真空。

狗

國小的時候，阿薛是班上的風雲人物，下課大家都繞著他轉，對他來說攻克班上每個人是他每日的必定行程，身為轉學生的我不意外地成為他的新目標。

阿薛是個好同學，他是第一個跟我打招呼的人，對我來說能被班上的風雲人物搭話，就有如神明造訪一樣偉大。我心想，這個人也太好了吧，我一定要跟他當永遠的好朋友。

想當然，小時候的天真可愛，一下子就被打碎了。

班級上的階級制度，分成三種，王、跟班、狗。

不善交際的我也因此被分配成狗的角色，負責逗大家開心，偶爾身上會有幾個腳印。

有一天，阿薛跟我說：「幫我買早餐，我就讓你加入我們這邊。」

我好高興，我以為終於可以交到朋友了。

結果只是因為要選班長要拉票了，票選結束，我又繼續當狗。

後來因為家庭關係，我又要轉學了，我跟阿薛說了這件事。

「那以後誰幫我買早餐？」阿薛頭也不回地離開了教室。

躲避球

小時候的體育課都會有躲避球的課程，這是我最喜歡的課，因為在那個時候可以報仇。

但其實剛開始時，我都是被砸的那個，直到我媽看不下去，親手訓練我怎麼打躲避球。

「對牆練習一百球。」

「嗯？」

練了幾週以後，我的力道跟準度明顯上升了不少。

終於到了躲避球課的時候，我自願站在外場，我的目標自始至終都是某個很愛打我頭的同學。

隨著人數減少，他也越來越沒有人可以當擋箭牌，對於國小生來說，勝負欲其實是很強烈的，就算平時你是小霸王，在躲避球場上也只能認栽。

直到他因為重心不穩滑倒的時候，我狠狠的往他的背打下去，終於結束這場比賽。

他氣到來質問我為什麼打這麼大力。

笑死，我在上課而已，你太敏感了吧。

♪ Vaundy – mabataki

少一條線

國中，是個大家開始在意樣貌的起點。

穿著同樣的制服，能比較的就是你用的手機、你穿的鞋子。

而我擁有這樣的概念比較晚，用的是家裡的舊手機，特價的雜牌鞋子。

「你看他的鞋子，假愛迪達，只有兩條線。」

我不太明白中間的差別在哪，但大家指著我的鞋子笑的時候，我感到相當難堪。

回家哭訴後，家人帶我去買了正版的愛迪達。

「欸你自己把那條線畫上去喔，笑死。」

隔天到了學校，我換上了新鞋子，那些人還是在笑。

平庸的人沒有勇氣

求學時期，每班都會有屬於自己的階級制度，每個年級還會再有一定的分級機制。

幸運點，你長得好看，或者認識一些「厲害人物」，可以放心的在走廊上行走；不幸運的，請記得不要在走廊上亂看人，否則就遭殃了。

但要當個隱形人倒沒什麼困難，只要不出聲，裝做什麼都不知道就好。

出社會後，總是會想質問那個時候的自己為什麼不見義勇為？我都會看到那個長著青春痘，畏畏縮縮又平庸的自己對現在的我大吼：「我做不到！」

是的，我們這種平庸的人只能先求自保，勇氣什麼的，我們管不了那麼多。

♪ ZUTOMAYO — Can't Be Right

很重要

模擬考、學測、指考、統測、繁星、落點分析、加權分數，一個又一個的名詞灌進我的腦袋。

他們跟我說在校成績很重要，會影響繁星。

他們跟我說模擬考很重要，最後兩次差不多就定生死了。

他們跟我說落點分析很重要，叫我選保守一點的，如果不想考指考。

他們跟我說加權分數很重要，但是要我每科都有好成績。

可是我還有好多煩惱，對未來有好多的困惑跟疑慮。

能不能等等我，讓我再想想下一步該怎麼走。

能不能不要對我的志願單掉眼淚，能不能不要因為這次失敗就用失望的眼神看我。

能不能告訴我，其實我很重要。

♪ ASOBI同盟－誰も彼も何処も何も知らない(Special Arrange)

畢業快樂

「畢業快樂，我們要當永遠的好朋友喔！」

一起奮鬥了三年，在我們之間似乎留下了那樣的革命情感。

因為年輕，尚未習慣身旁的人離你而去，深恐到了下一個環境以後，過去的這些就再也不算什麼。所以我們向喜歡的眾人一一留下了承諾跟淚水，就算未來四散各地，我們也要保持聯絡，友誼永存。

後來我們會逐漸淡忘那些人的名字，發生過的事。

不是忘記這個承諾，而是承諾過太多人，也收過太多承諾了。

我們並沒有足以滿足所有過去約定的能力，最後茫然地看著合照旁的陌生人。

「他是誰？」

♫ Radiohead – Creep

第二人生

大學對我來說是第二人生，試著擺脫過往的陰霾，朝向自己想要的樣子前進的時刻。

成年了，我能對自己的行為負責，我能夠成為一個成熟的大人。

但身為一個極度敏感的人，在我知道有人不喜歡我的那刻起，我就搞砸了。

我忘了這裡依舊是校園，經過多年的洗禮，來自各地的好手都匯聚一堂，這裡就是天空競技場般的存在。

結果就是在最快的速度被淘汰出局，被打得體無完膚。

我沒有成為想要的樣子，還變成別人討厭的樣子，是我錯了，我不該自以為是的在這裡跟大家鬥，我鬥不過，我依舊是個孬種而已。

我的第二人生就在不到一年的時間內，畫下句點。

♫ YOASOBI－優しい彗星

愛情的模樣

「你那麼好，不該待在這裡受苦的。」

截至目前為止的人生，戀愛經驗不多，對人群的恐懼複製到了戀愛上，辛苦的就是當時的對象。第一次發現自己原來可以勉強自己做那麼多事，只希望能不要讓彼此失望。

我知道我的身心是匱乏的，無趣的個性與生活，讓我有種被同情的自卑感。

可是這段時間我是快樂的，原來我是可以被愛的，原來有人會愛我。

但真的太疲勞了，一個破碎的人就算灌注再多的愛都會流逝，那不是你的問題。

時候到了，我們就當作結束一趟美好的旅程，而你要回到自己的路上繼續向前。

「你一個人OK嗎？」妳離開前這樣問。

「我一直都一個人。」

「那你已經相當勇敢了。」

我會在妳的背包裡，塞上一幅畫，那是妳，是我學到的愛情模樣。

垃圾桶

出社會後才發現自己只要碰到人多的場合，都喜歡往角落躲，大部分的時候是垃圾桶旁邊。

其實我並不完全算是抗拒人群的那種人，但只要是人多的地方，就會開始恐慌、盜汗、焦慮，嚴重的話甚至是腿軟。所以我總是很難跟朋友解釋，為什麼我時常缺席或早退。

長期下來，其實多少影響了身邊的人對我的觀感，也時常被質疑「如果不想來就不要來，不要來了又擺臉色」。是的，我真的是臉色很難看的那種，畢竟都為了這個場合打扮了好久，或者大老遠跑來參加朋友的婚禮，結果因為人一多，開始盜汗跟腿軟，臉色真的很難好看到哪裡去。

所以我很習慣到角落冷靜一下，通常角落都是放垃圾桶的地方，久而久之，我也就變成那個「在垃圾桶旁邊那個」。

當然剛開始時一定是很難過，但久了發現其實也沒那麼糟，我可以待在垃圾桶旁邊等大家出現，再來好好打招呼。

只可惜永遠沒辦法好好享受每一個活動就是了。

♫ 鮮于貞娥－Run with me

載浮載沉

我家狗狗過世的那個晚上，我正在工作。

接到電話當下，眼淚是我最直接的反應。但當時正在跟客戶對東西，我請他給我十分鐘整理情緒，十分鐘後，我用盡所有力氣鎮定處理完當下的工作。

然後我花了一個小時跑到河堤附近大哭，再回來繼續把未完成的工作做完。

長大好痛苦，除了哭跟裝沒事以外，我不知道還能用什麼方式處理情緒，沒有辦法像以前一樣挪出大量的時間替自己療傷。

只能不斷地消磨自己的靈魂。

第二章

旅程

那裡有一隻小白狗，在被一群大狗欺負欸！
我想去救他。
你又打不過那些大狗，就別進去淌渾水了吧！
那都是他的命，跟你無關。

我知道有一天我們會分開
離別是相對的
但我希望你能夠因為認識我而變得幸福
然後就讓我把你的不幸都給帶走吧

不夠好

我本來是一個相當有自信的人，隨著接觸的人越多，來來回回的否定與打氣，擊碎了我這道虛偽的防護罩。值得慶幸的是，我的確沒有自己想像的這麼好，那些人只是提早看穿這些罷了。

在這之後，我始終覺得自己是個不夠好的人。

不是因為謙虛，而是一種矯枉過正，覺得自己的才華不夠、個性不夠好、外貌不夠出眾。

選擇把自己關在家裡，覺得這樣是一種保護自己也保護他人的方式，埋頭努力變成我唯一的自我實現方式，結果就是時常不知道自己在努力什麼。

最悲傷的是，儘管我做了這麼多努力，依然覺得自己不夠好，當我覺得我不夠好的時候，我就恐懼被愛，認為自己是一個什麼都不值得的人。

永無止境。

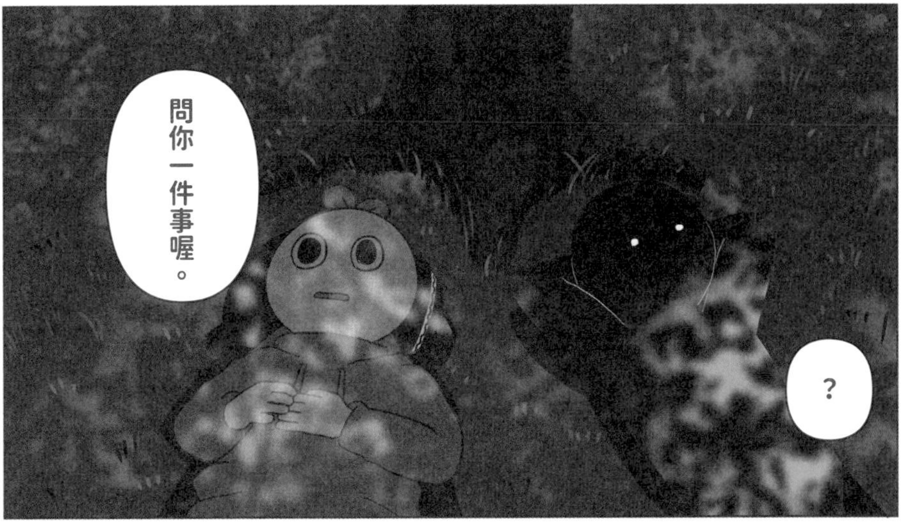
問你一件事喔。
？

是我做錯什麼事嗎？
爲什麼你會離開？

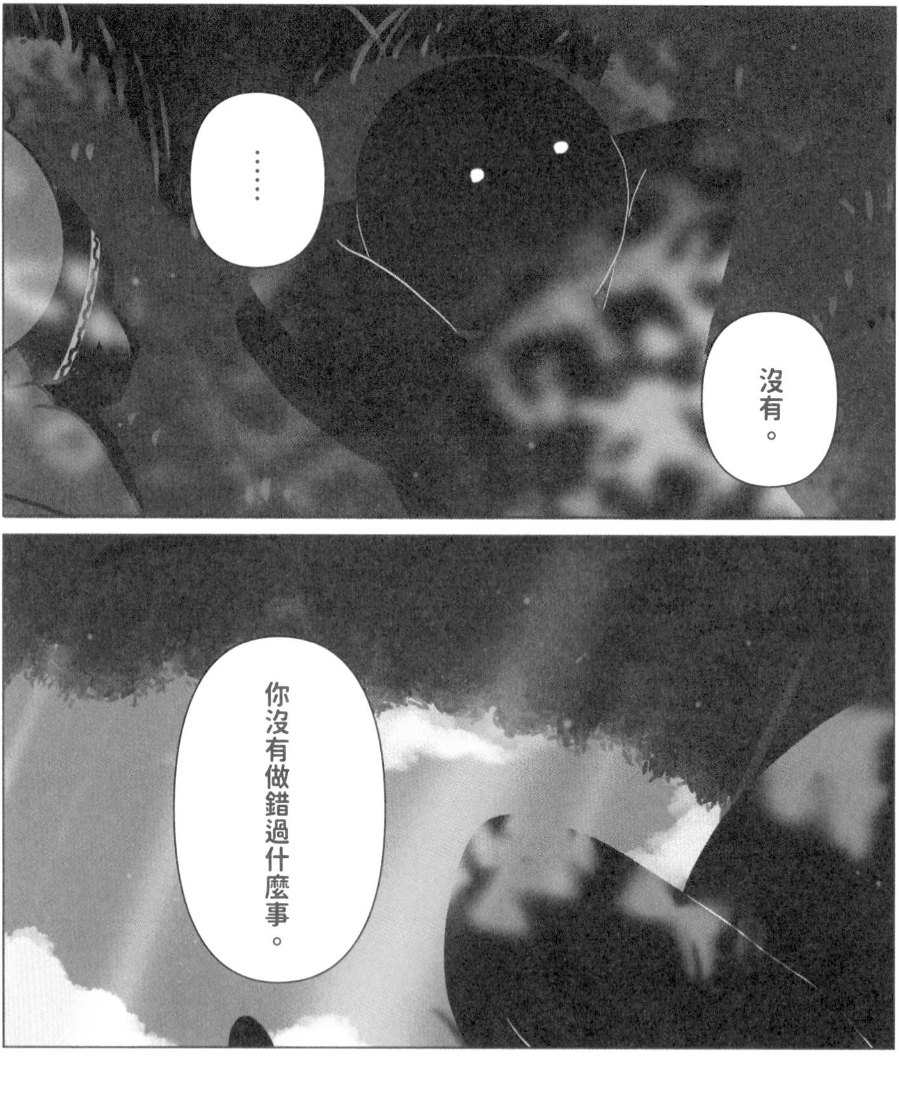
……
沒有。
你沒有做錯過什麼事。

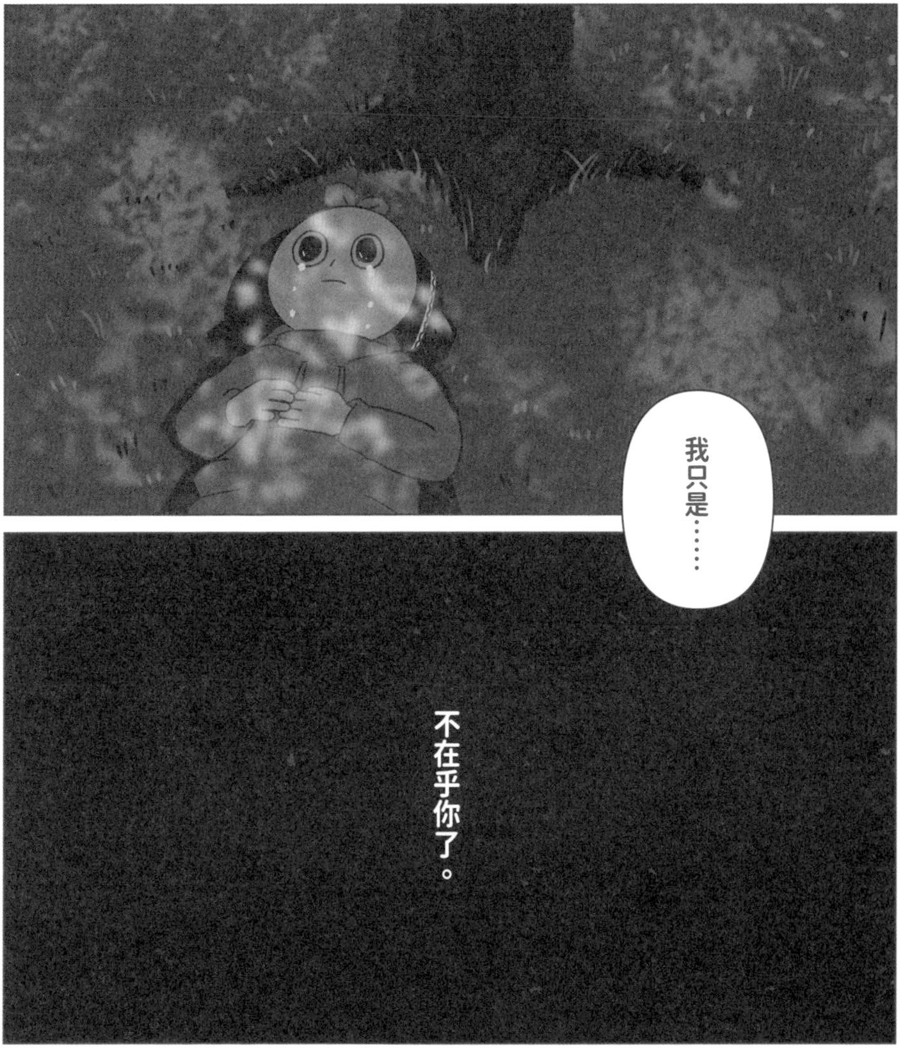
我只是……
不在乎你了。

游泳

我曾經是游泳隊的，而且還游得挺快的，但大三之後我就再也不下水了。

那年，有個朋友跟我說，希望我可以教他游泳，但當時因為自己正面臨一些滿嚴重的問題，一直推託延後這個行程。

一年後的夏天，他就消失在某條河裡，因為溺斃。

從那之後，我不再去任何一條河流，也不再下水，因為我知道我怎麼游，都游不回那個時候了。

一分到五分

人生中的第一次求助發生在我的求學時期。

我找上信任的大人，說我有一些可能對自己不太好的念頭，但大人忙著處理其他學生的事情，把我移交給其他的大人處理。其他的大人跟我談了一個午休後說他幫不上忙，叫我去輔導室。

輾轉了很多圈後，我走進輔導室，跟裡頭的大人說，我有想要傷害自己的念頭，可是我不知道該怎麼辦，我應該跟誰求助？

櫃檯的大姐拿出幾張紙跟我說：「你先填一下這個表格。」

我看了一下，上面有著米老鼠的卡通圖案，第一題寫著：「你在近期內是否有不好的想法，並需要協助？一分到五分。」

「你填完以後我們會再找其他老師協助你。」

我直接笑出來，但我不知道是問卷上的米老鼠好笑，還是問卷上的問題好笑，還是整件事都很好笑。

滿分一到五，滿分一到五，請填表格。
請填表格，滿分一到五。請填表格，滿分一到五。請填表格，滿分一到五。
請填表格。
滿分一到五。

宇宙傳送門

終究是要被燒盡的，無論是什麼樣的情感也滅不掉那團火焰。

沒有參加過大晴天的葬禮，我對離別的感覺是濕潤的，人們在棺木前圍成一圈，討論著沒有未來的人，棺木也是濕潤的。

我常戲稱焚化爐為宇宙傳送門，那麼棺木就是他的安全座艙。當座艙送進傳送樞紐的時候，操作機械的師傅會準備倒數，關起艙門，結束在這個宇宙任務的人靜靜的躺在安全艙裡，靜靜的與這個宇宙告別，前往下一個宇宙。

「快跑！」

怕的不是星辰的火焰燒著他，而是怕他被時間的渦流帶走，你要快點跑，跑到下一個宇宙去，這個宇宙的使命已經結束了，快點跑，不要回頭，不要顧慮我們，再見，再見。

我們下個宇宙再見。

大家好，我是來福的同事。
來福是我最棒的夥伴之一，
也是我遇過最疼妻兒好爸爸。

他是這個宇宙給我們最好最好的禮物，
但不幸的是，我們在任務中發生了無法預料的事情，
在他將氧氣管接到我身上時，請我轉達這些話給大家：

那麼，我就先走一步了！
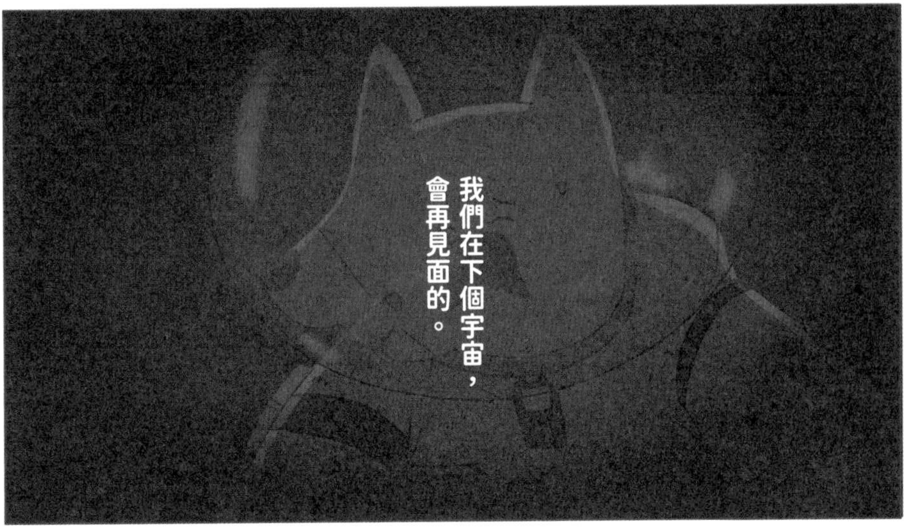
我們在下個宇宙，
會再見面的。

來福完美的完成了他
在這個宇宙的使命。
我們……

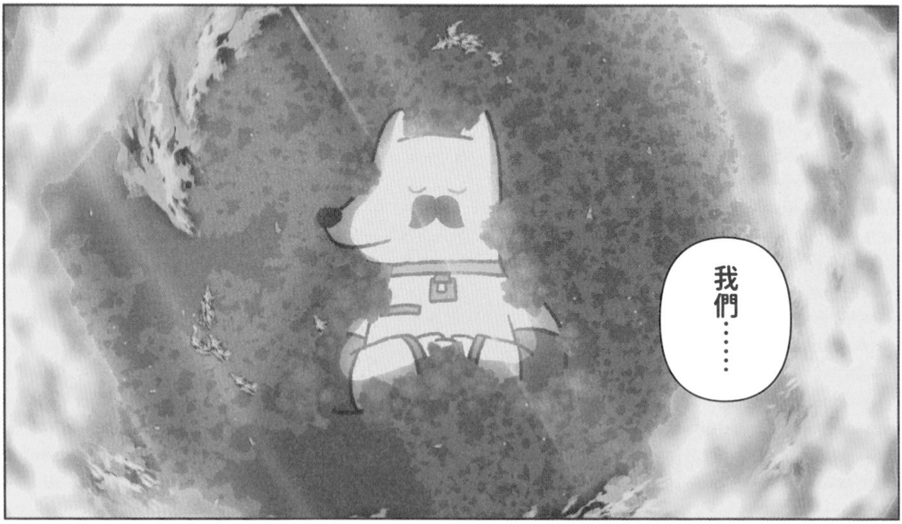
我們……

我們……

我們很幸運能在這個宇宙遇見他。

快跑！
來福，快跑。

跑到下一個宇宙去。

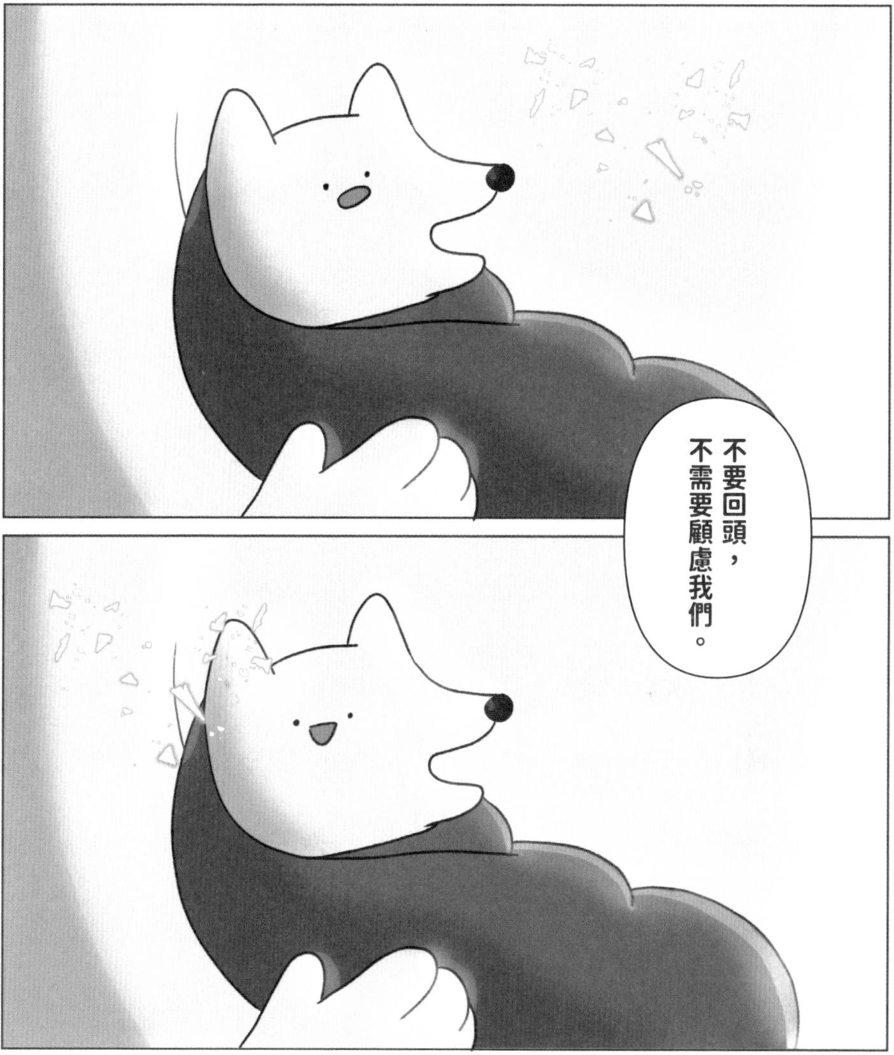
不要回頭，不需要顧慮我們。

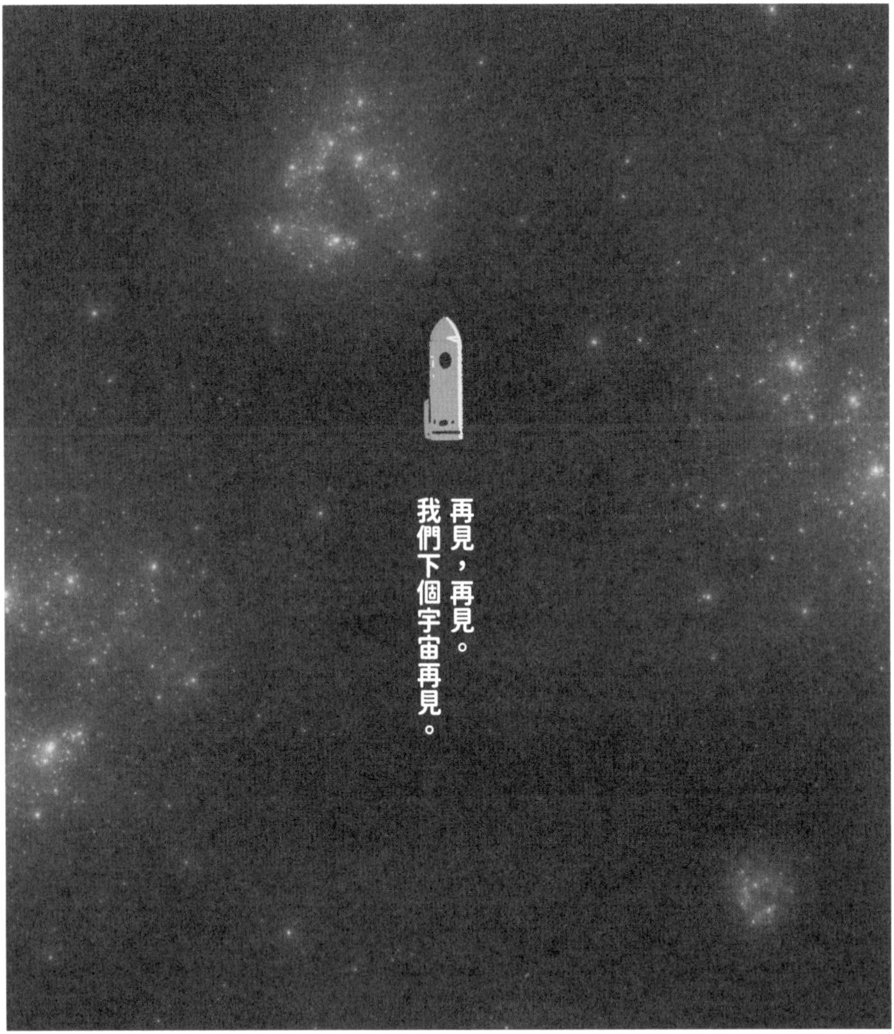
再見，再見。
我們下個宇宙再見。

邊緣人

我發現，沒朋友三個字變成了一種主流。

原本是代表社交邊緣的狀態，卻變成一種朋友爆幹多的人們之間的主流稱號，讓我覺得有種異樣的反胃感：「這些人真的體會過什麼叫做沒朋友嗎？」

這樣的生活其實一點也不酷，誰不希望生活中有許多朋友，我也希望呀！但我總是不知道哪裡出了問題，又或者說我就是問題本身，我存在之必要與否，是一個令人質疑的哲學問題。

回到沒朋友的議題，我算不算是個有朋友的人，應該有，大概就那幾個，可是我們真的是朋友嗎？我們能無話不談嗎？好像沒有；我們能推心置腹嗎？好像也沒有；我們能互相幫忙嗎？大多數都是我在幫忙。那我們到底算哪種朋友？頂多算是彼此間害怕寂寞的備胎。

對，害怕寂寞的備胎，這就是現今多數人的交際狀態，也有可能是唯獨我只配獲得這樣的關係，這樣看來問題完全出在我身上。

可是問題又出在哪呢？

啊，我覺得好像是因為自己太想找到彼此之間都是No. 1的那種關係，但又知道那是不可能的，如此矛盾的狀態，可能讓我產生一股讓人厭惡的氣息，最終導致在我心裡，一直都沒有所謂的朋友，因為我不信任任何的關係，所以問題的確出在我身上。

那麼，我才是有資格說「沒朋友」的那個人啊，混帳！好不容易找到的獨特皇冠還沒戴熱，大家就拿去把玩了，什麼都有的人們還要搶走我這種幾乎什麼都沒有的東西，真沒意思。

我這種傲慢的心態真的好齷齪，但在心裡頭又一直壓抑不住，想要找到「跟我在心靈上能夠互相支持，並且只屬於我」的心情。

我想我還是需要很長一段時間來掩埋自己的這塊劣根性，也因此我其實沒有任何資格去鄙視批判那些光鮮亮麗的人類。希望到了那個時候，當大家還在以沒朋友自居的時候，有一天我可以很得意的說：

「我跟你們才不一樣，我有朋友。」

#邊緣人
#眞心的朋友
#敬友誼
#朋友一生一起走
#邊緣人一起出來玩
……

謝謝你有問我

混亂的事太多，連自己是什麼狀態也早就不清不楚了，被強行繼續推進的人生，沒有時間讓你慢慢釐清所有的事。

但至少在這個瞬間，我感受到一絲關心，好像自己不是空氣一樣。

回答不出什麼有料的故事，但是謝謝你有問我。

你最近還好嗎？

……
不太清楚。

但謝謝你有問我。

快樂的人

動態回顧是個很有趣的東西，你可以看到以前的同一天，自己當日到底發了什麼東西，回憶起那天是什麼狀態。

二〇一六年以前的我，絕大多數都是一些開心的弱智文，甚至買到一件喜歡的外套也可以高興的發文。

之前看過有人說：「不是我們變得不快樂了，是我們變得不知足了。」

智障幹話語錄操你媽。

到了現在，我也並不覺得我有多貪心，吃得飽穿得暖，能活下去就是最大的奇蹟了，是能有多不知足？

可是我還是很容易不快樂，原因或許有很多種，不過，不快樂就是不快樂，哪那麼多屁話好說。

時間久了，也就習慣了。

我偶爾還是會懷念那個時候的自己，可以因為買到一件喜歡的外套就開心一整天的自己。

很愚蠢，但很快樂。

我正在看著自己，

一點一點的碎掉。

一直都在說謊

我一直都很努力在維持一個正常的樣子。

不要怕吃苦，不要怕吃虧。

但有時候真的好累喔，真的要撐不下去了耶，好想放棄。

想要當一個好人過一個平穩的生活，真的好難，過著戒慎恐懼的生活卻依然有許多無法預測的意外發生。一直騙自己，一切都會好轉，以後再也不會受傷害了，但事實上卻是一步一步的邁向自我毀滅。

我知道再過一陣子，我又會復活，依然會繼續假裝活得像個正常人。

只是在這之前，我要先承認自己的失敗，承認自己就是個遜咖，承認自己就快要撐不住了，因為我一直都在說謊，好討厭這個面向的自己，但就是得面對現實。

否則我就再也好不起來了。

撐不下去沒關係的，

我們都只是凡人而已，所以沒關係的。

打拋豬飯

這是四年前冬天的事情。

我最討厭冬天了。

我記得某個友人K離世前一個月到板橋找我，他說最近的狀況很糟，要靠外力才能勉強讓自己出門，不然他隨時會結束，但他懊惱的是自己用什麼方式都失敗收場。

嘗試過當晴天娃娃，結果掉下來；嘗試過烤肉，結果還沒睡著就嗆醒；嘗試過拉小提琴，但因為怕痛，戳一下差點哭出來。

他開玩笑跟我說，他大概就是九把刀小說《殺手》裡頭的 Mr. Neverdie。我說：白癡！根本不一樣好不好。

友人K最厲害的就是他每次越難過的時候，就會越用力的開自己玩笑，越講越地獄，我聽得心驚膽跳，他就覺得很爽。

「幹雞巴我這麼會開玩笑的人怎麼沒去講脫口秀，搞不好削一波我就辭職不用整天被老闆電了。」

我跟他說，你帥得太不明顯了，不會有觀眾緣，他邊笑邊揍我一拳。

友人K總是覺得自己不夠聰明，才永遠猜不透人跟人之間的關係到底是怎麼一回事，我說不是這樣的，我學測分數是你的五倍，我有你五倍聰明我也猜不透。

抱怨完以後，我請他吃了附近我覺得最厲害的打拋豬飯，他說是今年吃過最好吃的打拋豬，我叫他下次再來吃，他說好。臨走前他開玩笑的跟我說，他下次要嘗試去河裡游泳，我說你一定會失敗，你那麼胖一定會浮起來。

幾個月後，我搬離板橋，他也沒有從河裡浮起來，我們再也沒辦法一起去吃那家打拋豬飯了。

我們昨天還在聊
未來的樣子，

怎麼突然就沒了未來呢？

我再也沒有辦法跟你說沒關係了

沒關係。

這是我最常講的其中一句話。

它可以幫我省掉很多爭吵，讓我看起來很大方、包容。

但這個沒關係，其實都只是希望先把事情畫下一個逗號，我們先把後面的事情處理好再說，或者先緩衝一下，我們不要急著把事情草率結束。

從頭到尾，這個沒關係都不代表我安然無恙，但我需要時間自我療傷。

當我說完第一千次沒關係的時候，我開始冷靜下來。我好像不是真的沒關係，我確實受到傷害，也真的開始覺得難過，回頭一看，我心都碎了。

這次我很抱歉，我好像再也沒有辦法跟你說沒關係了。

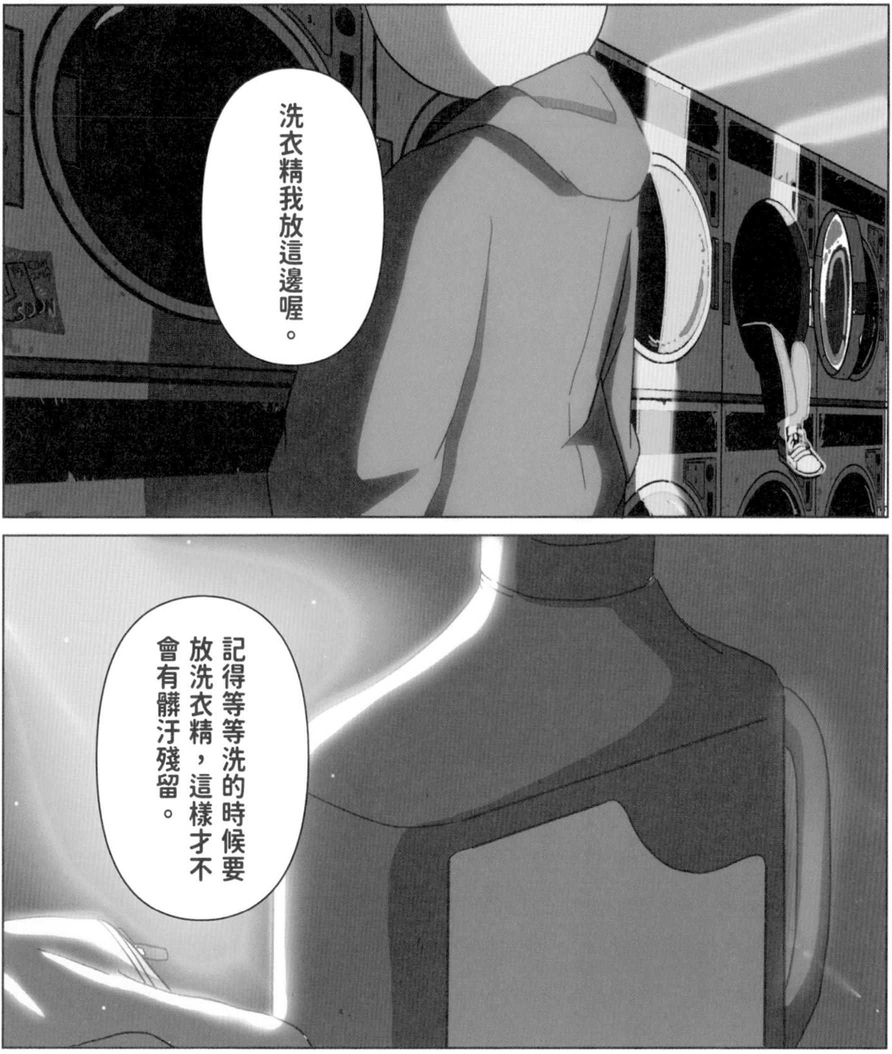
洗衣精我放這邊喔。
記得等等洗的時候要放洗衣精，這樣才不會有髒汙殘留。

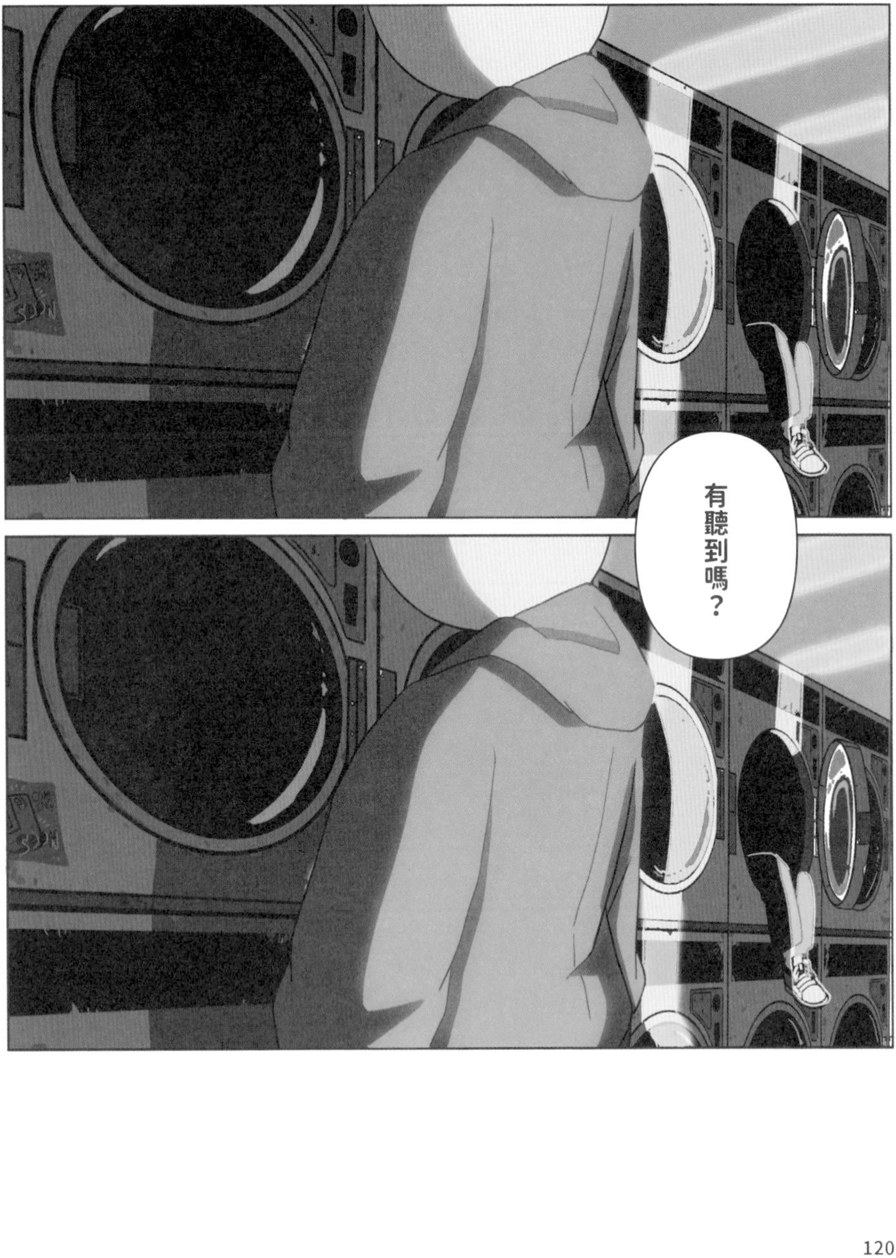
有聽到嗎？

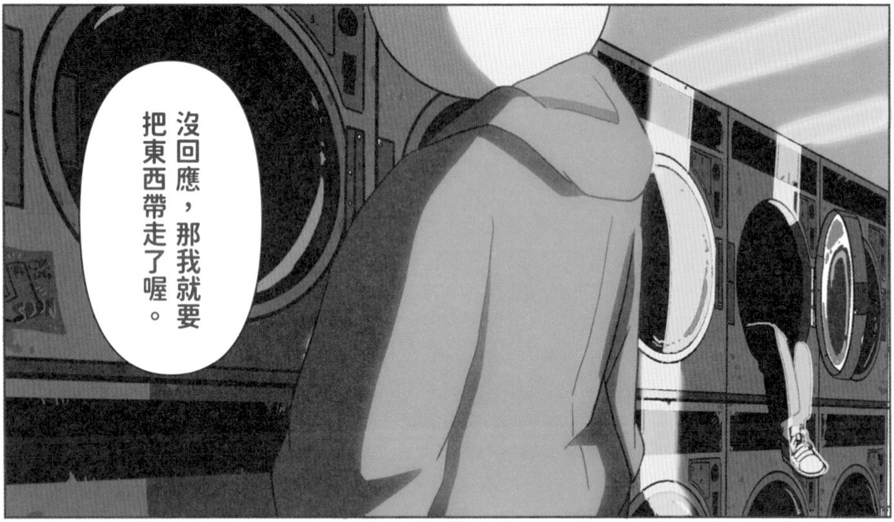
沒回應，那我就要把東西帶走了喔。

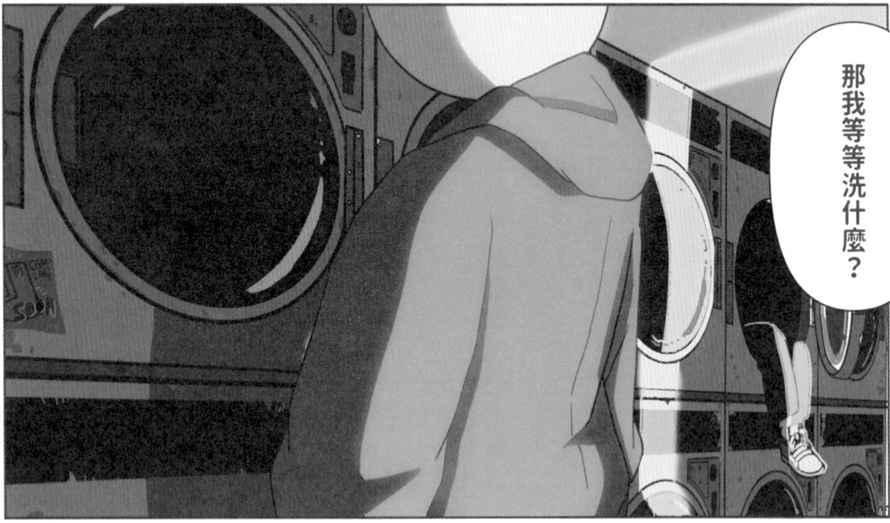
那我等等洗什麼？

原來還會回話啊！

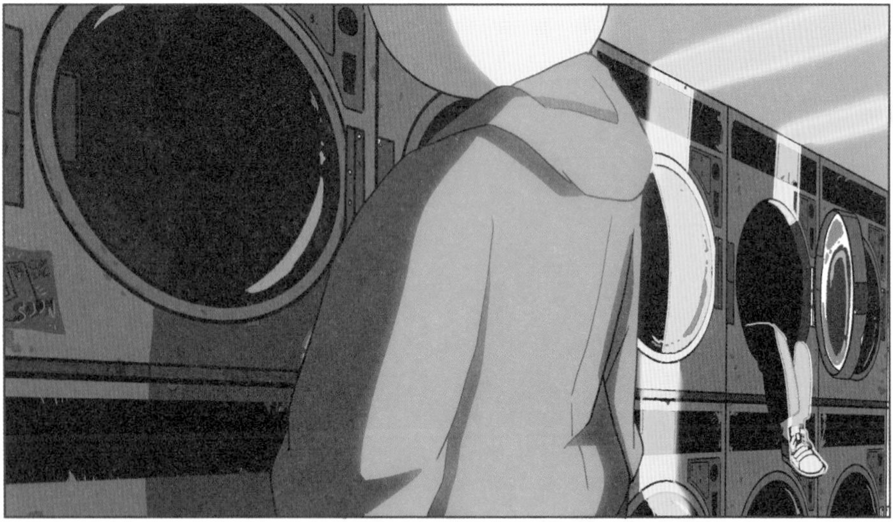

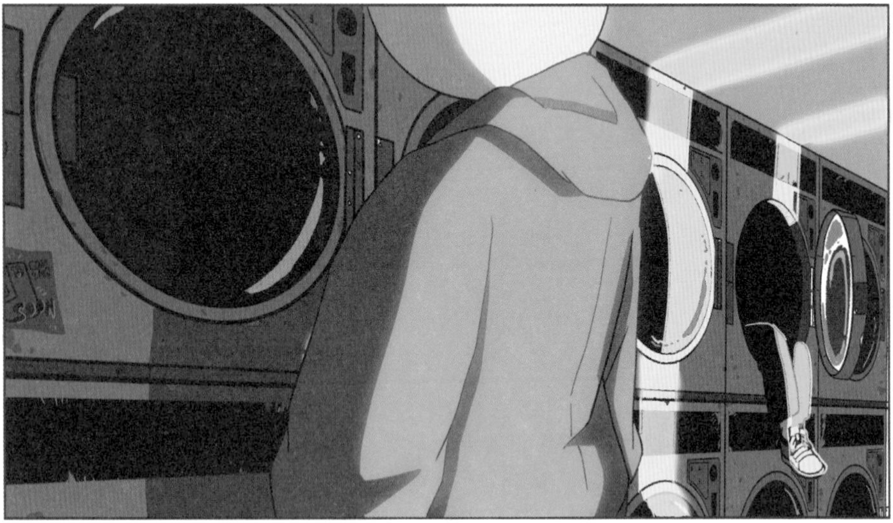

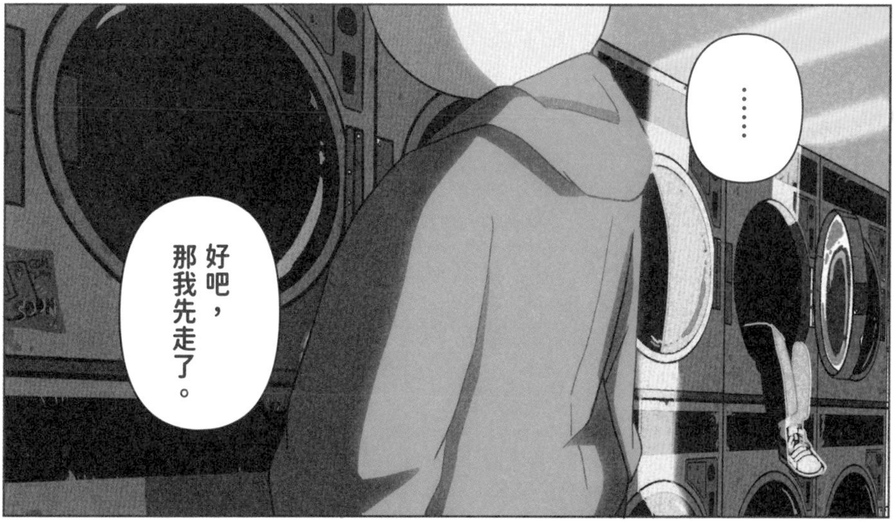
……
好吧，那我先走了。
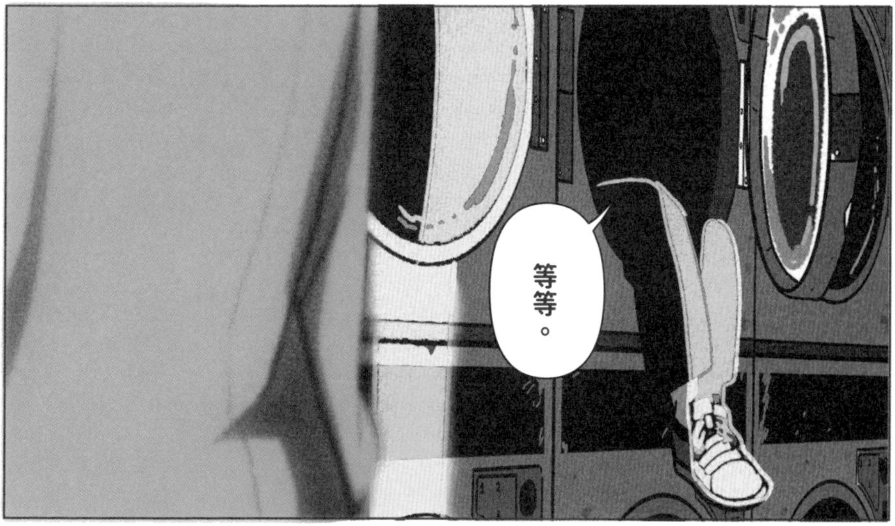
等等。

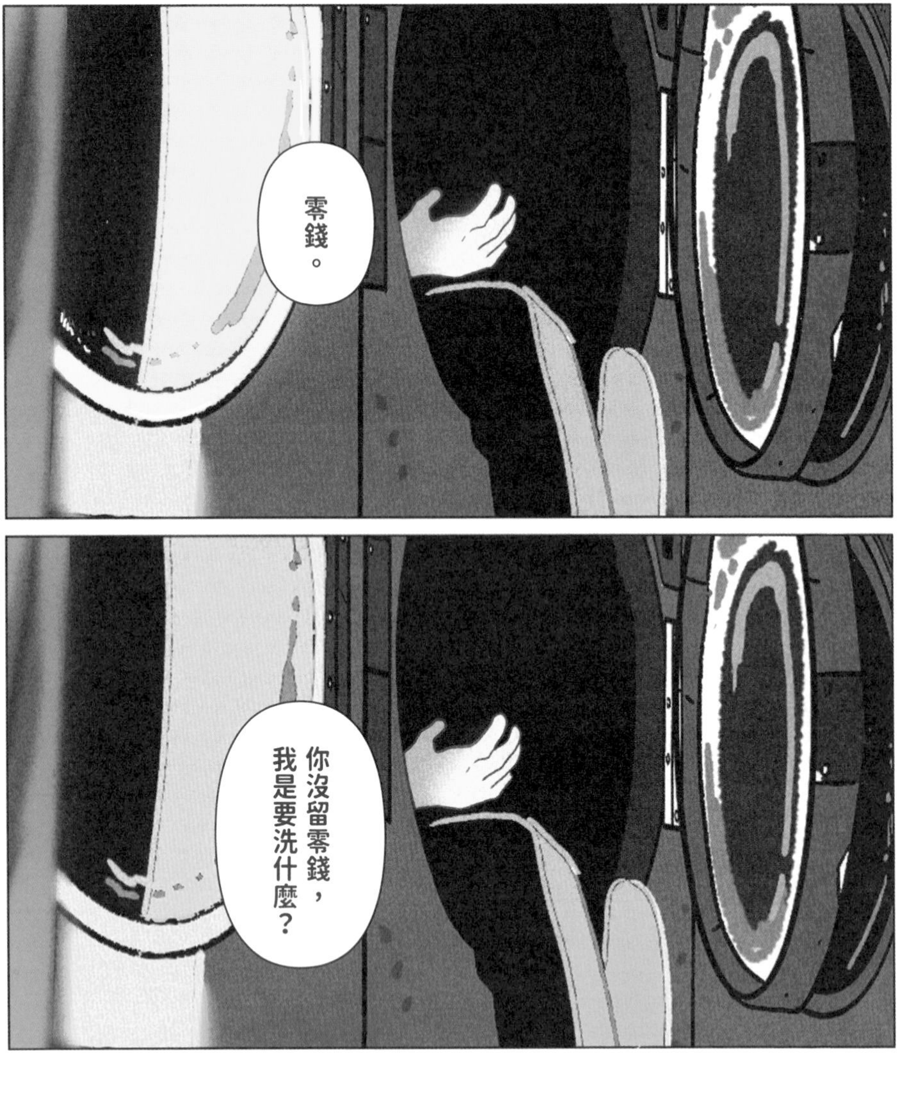
零錢。
你沒留零錢，
我是要洗什麼？

……
怎麼？換你不說話了？
也不是，只是覺得我好像不該被這種態度對待。

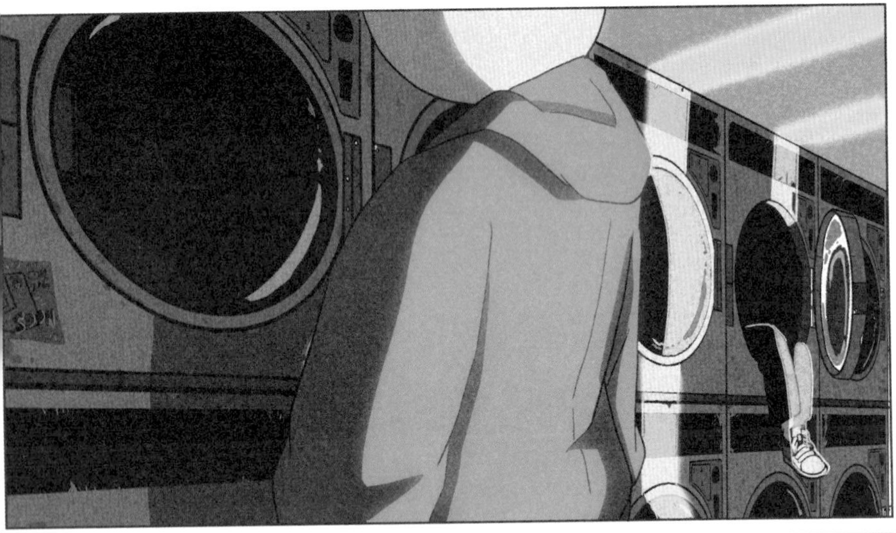

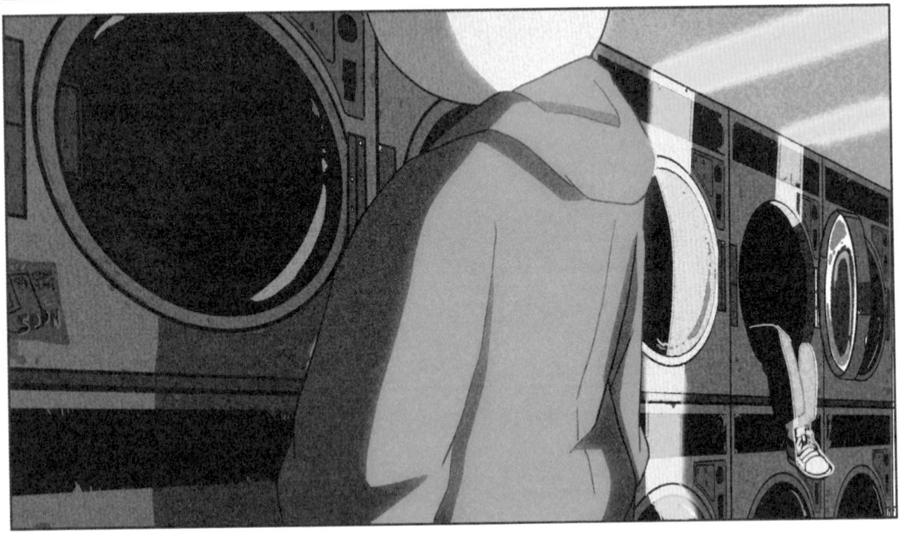

只要沒有喜歡的事物

小時候喜歡的模型小車，被親戚小孩搶走，我說不想給他，他直接摔壞。

我沒有哭，也沒有鬧。

心中靜靜的看著這一切發生，但從此以後我就再也不喜歡任何車子了。

長大以後也是，只要發現自己喜歡的東西快要消失，快要被別人拿走，我就會先放下對這些東西的喜歡。

只要沒有喜歡的事物，就沒有人可以奪走。

我就再也不會為這些事情而難過了。

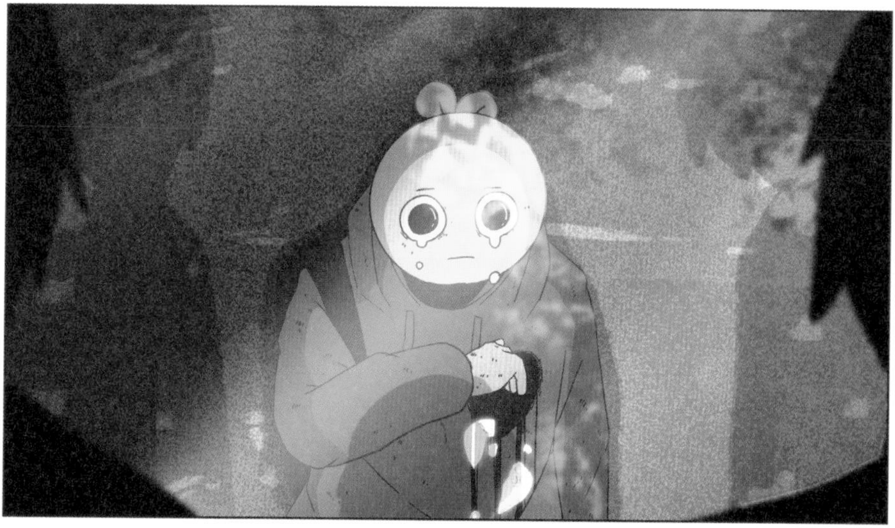

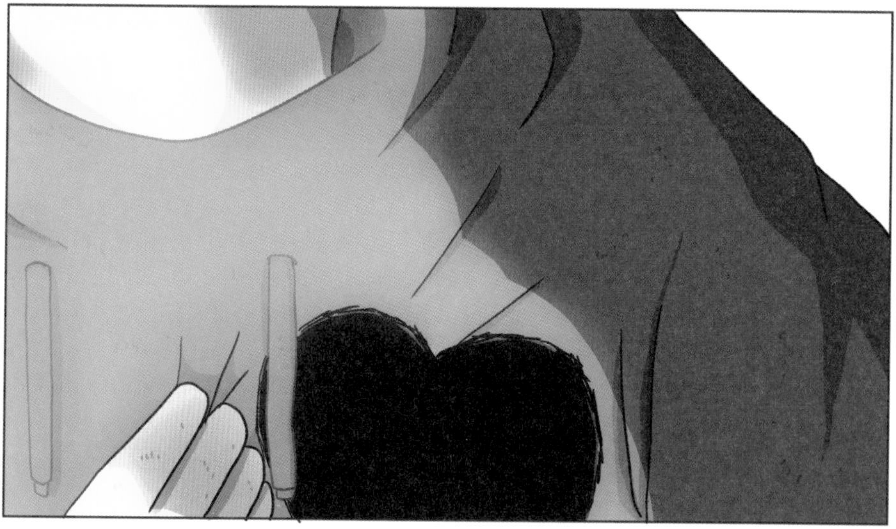

聖人

以前有個朋友，我稱他為B。

B的家庭很零碎，沒有人照顧他，每天就是固定在桌上放餐費，讓他打理一整天。有時候放學他會從遙遠的其他棟跑來找我，跟我分享他一整天的鬼混事蹟。

檯面下，他是我的朋友。

檯面上，他會跟我裝作不認識，因為他的小圈圈並不喜歡我。

但我們還是朋友。

他跟我分享了他那時候的煩惱，關於家庭、關於學校、關於他個人對未來的焦慮。

我驚喜的發現他也是個早熟的人，我好高興，我找到了一個好像能跟我互相理解的人。他跟我說，他只跟我講這些煩惱，因為他想要有個能夠這樣互相傾訴的朋友。我說好，這當然，我也是。

有一天，他跟我說他的媽媽收拾行李離開了他。他哭得很慘，他告訴我媽媽不要他了，我心都碎了，我說沒關係，有我在。

後來還是被他的小圈圈知道這件事了。在一場活動裡，他們挪揄他可以找我一組，他告訴他們跟我不熟，我尷尬地離開了那場活動。

我腦中無法消化這些話，我以為我們是朋友，是你跟我說你需要傾訴的對象。

就這樣過了很長一段時間，某天B半夜騎車來找我，他說如果我不下去見他，他就按一整個晚上的喇叭。龜孫如我還是下去了，我不知道他找我要幹什麼。

他跟我說，上次的事情是情非得已，那種情況下，他只能這麼回答，如果是我也會這麼做吧？

我說我不會。

他問我，那這樣我們還是朋友嗎？

我說不知道，我還在氣這件事。

他問要怎樣我才會氣消，我也急了，我說我怎麼會知道？你明明不喜歡那群人，卻還是要窩在那邊討好他們，我怎麼會知道你到底在想什麼？

似乎是被這句話觸怒了，他一拳直接揍我，叫我小心點講話。然後講了很多很多很多很難聽的話，就騎車離開了。

但不到五分鐘，他又繞回來，跟我說沒錢加油，騎不回去。

我給了他五百，告訴他別回來了。

他說好，然後我就再也沒見過他了。

你還在生氣嗎？

是的。

你明知道我不是故意講那些話的。
我不會。
我不會選擇傷害你來保全我自己。
朋友不會這麼做的。

喔，對！所以你是大聖人，我就是陰險狡詐的那個。
只有你不會犯錯，其他人犯錯，都是故意傷害你。
你憑什麼這麼尊貴？你以爲每個人都不需要在社會生存是不是？
操你媽的。

而已

前段時間跟朋友討論起被需要這件事情，我回想起從小到大的經歷，發現自己是一個很愛熱臉貼冷屁股的存在，因為不懂得社交，甚至根本不懂為什麼別人會不想跟我當朋友，一味的以為只要對別人付出，對方一定會領情。

現實是，你想對別人好，別人還不一定稀罕你對他好。一個氛圍不對，甚至會被人家說是情緒勒索，做人總是這麼難拿捏。

後來長大以後學會釋懷，付出就不求一定會有回報，既然是自己想要付出，就要知道自己要付出在對的人跟對的事上，發現狀況不對的時候也要適當的見好就收，否則對雙方就只是互相折磨而已。

不過，就算知道這個道理，有時候還是會很受傷，就算自己不求回報，一旦被貼上「你一定是有目的的吧」的標籤，還是會有股莫名的悲傷。

儘管你只是希望他快樂而已。

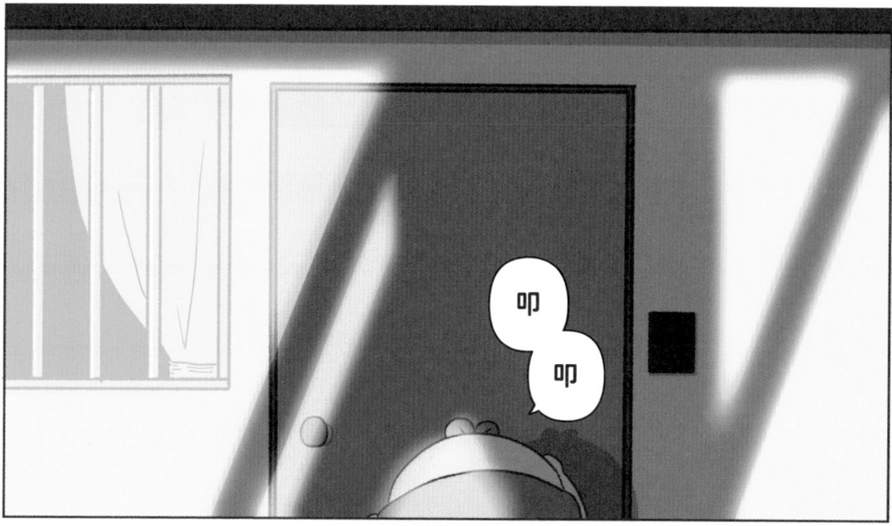
叩
叩
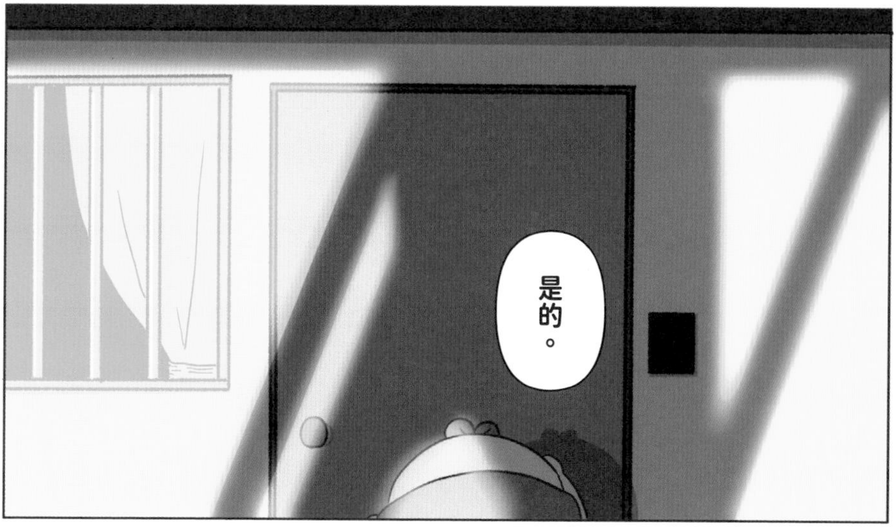
是的。

怎麼了？

這個是起司盒，我覺得很好吃。
我多買了一份，想說送你吃吃看。

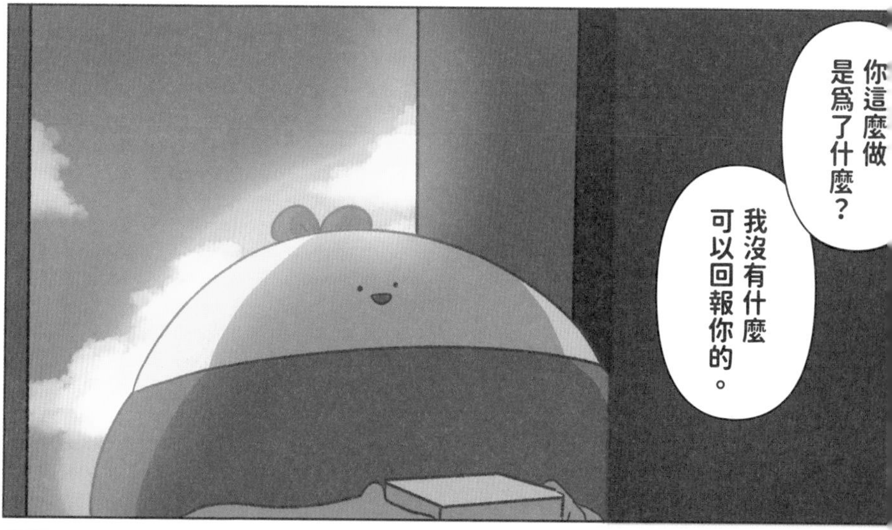
你這麼做
是爲了什麼？
我沒有什麼
可以回報你的。

所以不用了，
謝謝！

戳破

人與人的關係，其實比我想像中來得脆弱許多。

只要有一些不順遂，自己很容易成為他人口中的垃圾，反之，自己看待其他人也有可能是這個樣子。

在某個下午的某個角落，你可能會忽然聽到某個熟悉的聲音，講著你最熟悉的名字，討論著很陌生的自己，你也不知道是不是誤會。當他們離去的時候，腦子嗡嗡作響，沒有辦法想像那個前腳還在跟你示好的朋友，後腳正抱怨著你的不是。

可能當下會很生氣，可能想要去解釋些什麼，可能覺得被背叛了。

冷靜過後，從那個轉角離開時的我想通了一件事：「要演就來演吧。只要我們繼續心照不宣，我們就還能在這個地方生存，我們就還是朋友，只要我們誰都不把那些話說出來就好了。」

年輕的時候真的很多內心戲。

沒關係的。
只要不戳破，
我們就還是朋友。

想讓你知道我在而已

我可能不是那麼會問問題，也不是那麼懂你在想什麼，甚至你也沒想過跟我分享。

但你是我的朋友，我在乎你。

「想讓你知道我在」，就只是這個簡單的理由而已。

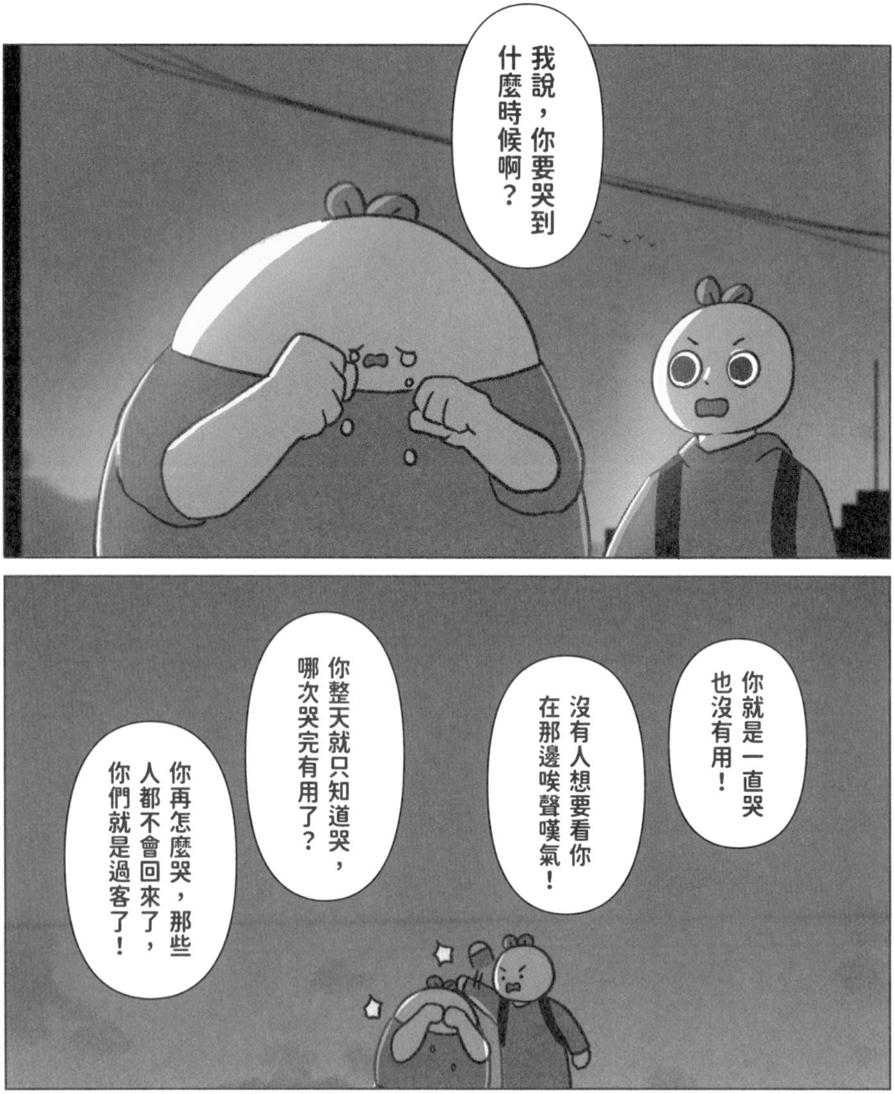
我說，你要哭到什麼時候啊？
你就是一直哭也沒有用！
沒有人想要看你在那邊唉聲嘆氣！
你整天就只知道哭，哪次哭完有用了？
你再怎麼哭，那些人都不會回來了，你們就是過客了！

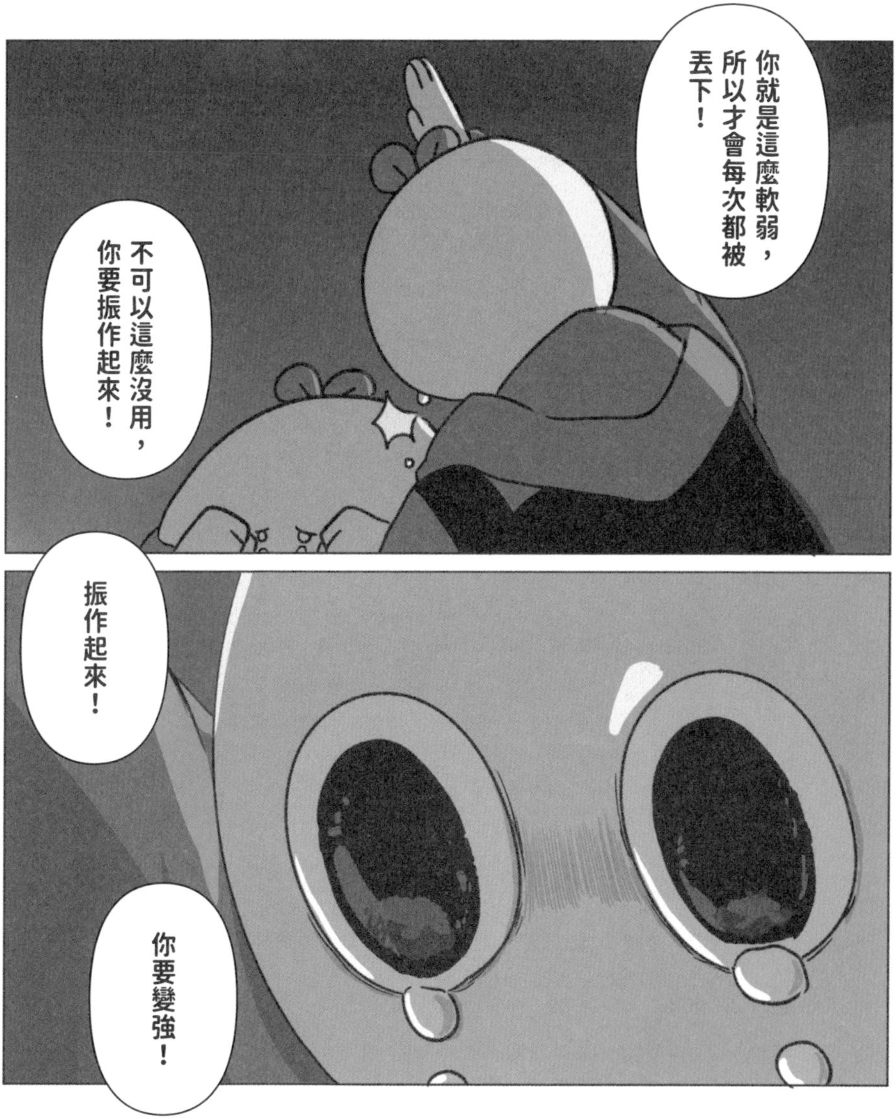
你就是這麼軟弱，所以才會每次都被丟下！
不可以這麼沒用，你要振作起來！
振作起來！
你要變強！

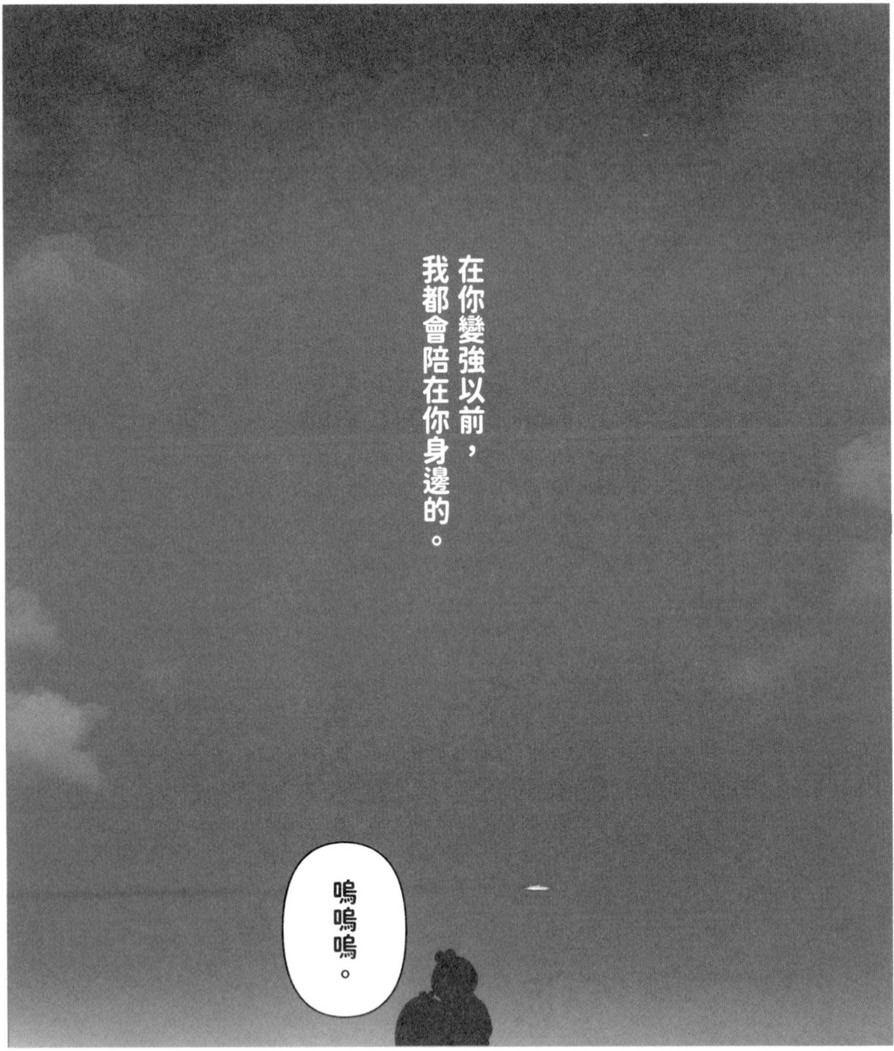
在你變強以前，
我都會陪在你身邊的。
嗚嗚嗚。

好人

我想當一個好人。

這大概是近幾年來，我放在心中奉為圭臬的一個核心思想。

我覺得當好人很酷，做壞事太容易了，克制自己不要做出不好的舉動需要非常非常強的意志力，一個擁有強烈意志的好人，沒有比這個更酷的事情了。

這注定我所受到的傷害會超過那些我傷害的，我好像永遠沒有辦法復原了。

但我還是想當一個好人。

REC
欸欸欸欸欸，看我一下。
00:00:02

REC
啊！應該有了吧！
00:00:05

● REC
聽好了，我也跟你一樣。
常常自我懷疑，甚至連正常社交都會出現問題。
00:00:10

● REC
但是！
00:00:15

REC
你依然是個好人，你很努力生活。
你很棒！
00:00:22
REC
我愛你！
00:00:28

下次見

每次道別的時候，比起拜拜，我更喜歡說下次見，總覺得只要這樣說了，我們下次就一定還會再見。

我是個極其複雜又多愁善感的個體，對於關係建立以後，我總是自認比別人想得更遠、擔心得更多，深怕一不小心就又浪費了一段交情。

我的不安，全源自於過往的失敗與任性，對於他人的不信任造就自己一貫的消極態度，過於在意卻又很容易物極必反。

但我愛你。

我會練習道別完的時候不要再偷偷回頭看你。
我會練習不要跟你揮手道別改成比個耶！
我會練習多跟自己相處。

下次見到我的時候，我想，我會進步一點。

我們不要說拜拜，
我們改說再見、明天見、下輩子見！
下次見。

我們是不是總有一天還是得分道揚鑣？
怎麼說？

內心的不安吧，總覺得隨時就會失去你。
我不就在這裡嗎？

但是未來呢？
未來的事很難說，我沒有辦法跟你保證。

如果我給你肯定的答案，那一定是騙人的，我不想說謊。

永遠記得這樣的感覺，我們能做的，只有繼續往終點前進而已。

今天就先這樣啦！下次見！
下次見。

下次見。

下車

我覺得人與人的關係就是一趟公車旅行，從上車的那一刻開始，就是等著誰先下車，一站、兩站……

以前有個好朋友，他們全家在某個年底要移民，幾乎他身邊的人都知道了，而我卻是輾轉從別人口中得知，直到我問了，他才告訴我這件事。

我很生氣，不知道為什麼他不跟我說，他說他覺得我一定不能接受。當時我只覺得他很自私，他自行預判我會做出什麼反應，選擇用隱瞞的方式帶過，於是我跟他大吵了一架。

在我明知道可能即將再也見不到他的時候，我選擇了最糟糕的方式，浪費所有倒數時刻，因為我很幼稚、卑鄙，覺得鬧脾氣好像就可以阻止這一切一樣。

在他要離開的前一天，我還是按耐不住，約他出來吃飯，還買了餞別禮給他，沿路我們都沒討論之前吵架的事情，好像什麼都沒發生一樣。後來我們一起搭公車回家，氣氛才開始變得僵硬，彼此都沒有說話。

直到他快下車的時候，他跟我說：「好啦，要保重。」我忽然一陣鼻酸，覺得自己有夠白癡，浪費了這麼多時間，甚至連最後一趟公車路程都沒能好好說話。

「好，保持聯絡。」我不敢直視他，我不想被看到這麼矯情的一面。

他按了下車鈴，給了我一個擁抱，然後準備起身離去。

「你會回來玩嗎？」當他已經擠進人群的時候，我才問他這個問題，但公車上嘈雜的人聲蓋過了這句話。

我只能看著他下車，透過窗戶跟他打了最後一聲招呼，我本來想打電話或傳訊息給他，但不知道自己在彆扭什麼，我沒有這麼做。

爾後的日子，我也一直抱著這種彆扭的心態度過，他沒有更新社群，也沒有跟我聯絡，我便認為他也沒有打算維繫這段關係，所以就放著不管，這樣過了好幾年。

直到前陣子，忽然想起這個朋友，找了好久有關他的社群，原來他早就換過帳號，好不容易找到的時候，卻看到是紀念帳號，而這個帳號的置頂貼文是一則一年前的訃聞。

他在國外出了車禍。

我腦子一片空白，明明已經很多年沒有聯絡，但在那個瞬間我好像又回到那時候在公車上的情景，他的背影，還有那一句：「要保重。」我又變成當時蜷縮在公車位置上偷哭的那個白癡。

「你也要保重，一路好走。」

我只能陪到這裡了。

我走囉。
再見！

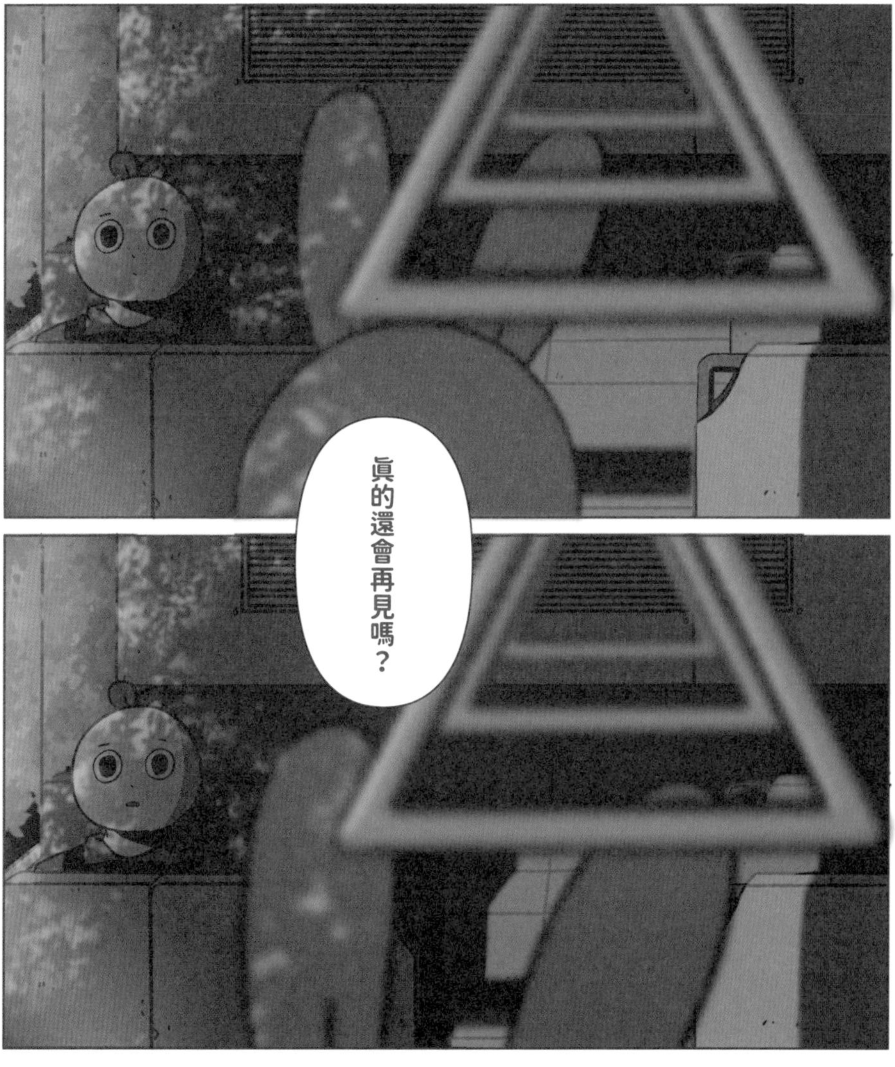
眞的還會再見嗎？

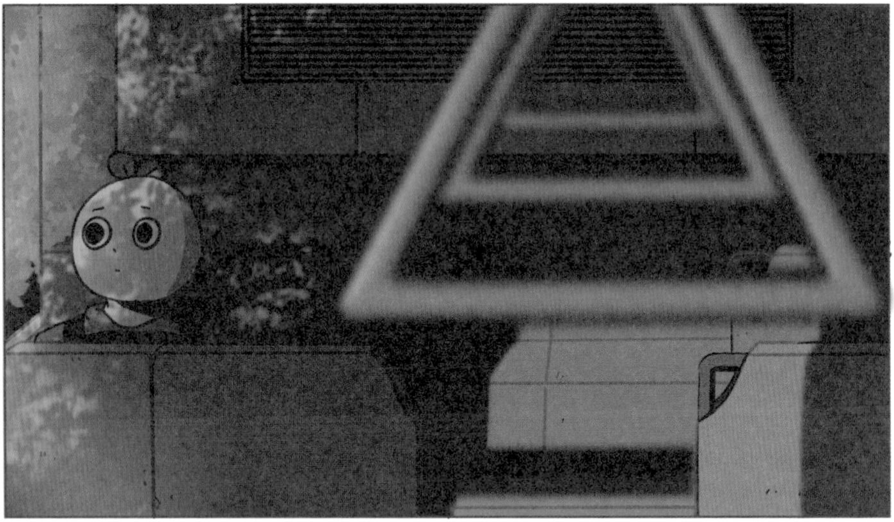

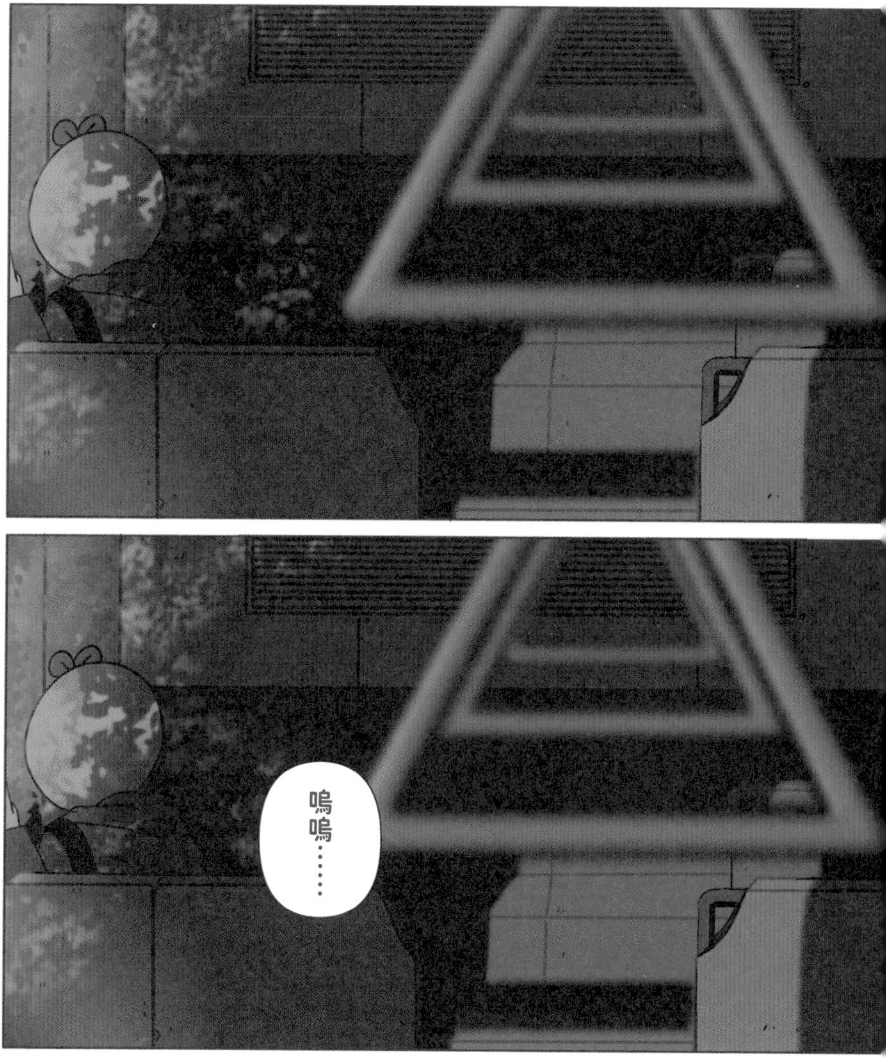
嗚嗚……

第三章

終點

此篇

獻給沅沅、小乖
獻給我的爺爺、婆婆
獻給那些先行下車的讀者們

謝謝你們
都曾給予過我無私的愛

二〇二五年，人類世界瓦解。
外星人入侵地球，
消滅了99%的地球人口。

探頭！
開心

早安啊！開心狗。
今天又是
繼續冒險的一天呢！

現在外面應該沒人，應該可以出去了！

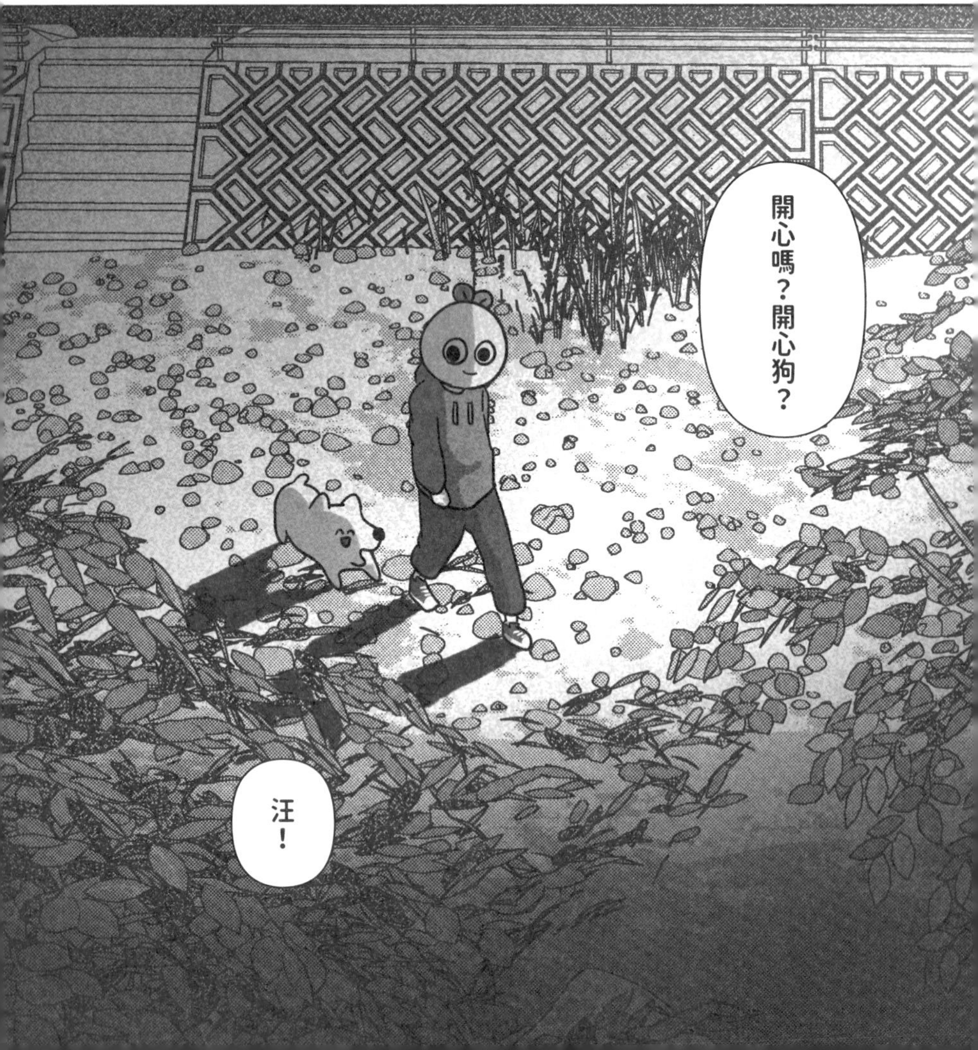
開心嗎？開心狗？
汪！

我們快要沒有吃的了，今天要去找一下，可能有食物的地方……
我記得這裡是超商，不然今天去這裡好了？
希望有泡麵，好想吃泡麵喔！
汪！

走吧！
……

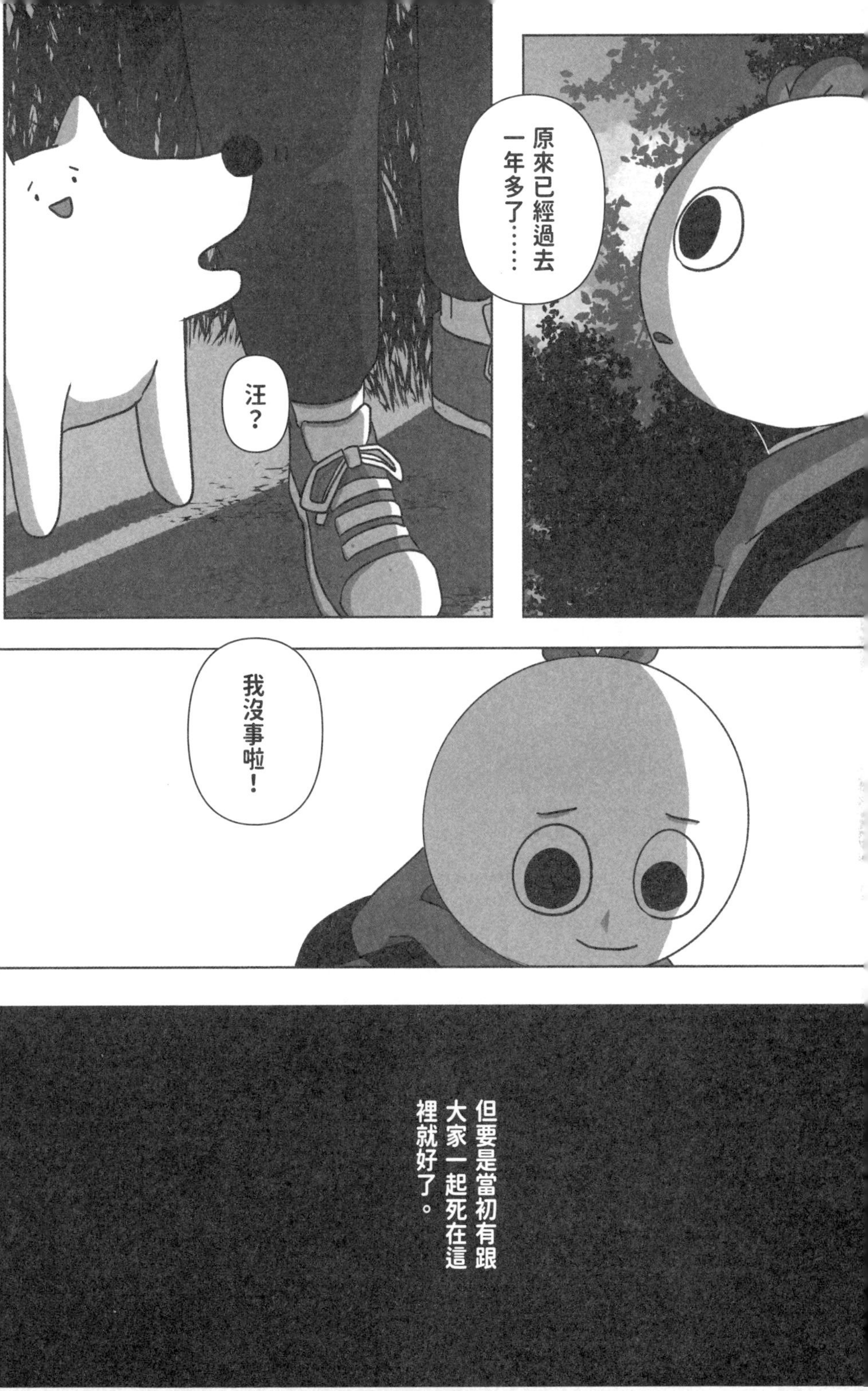
原來已經過去一年多了……
汪？
我沒事啦！
但要是當初有跟大家一起死在這裡就好了。

我是個卑鄙的人，丟下大家，獨自逃跑。
豆苗快跑！
啊啊啊啊啊！
啊啊啊啊啊啊啊！
明明我才是那個最不該活著的人。

嘰嘰嘰嘰嘰……
嘰嘰嘰嘰嘰……
嘰嘰嘰……
嘰嘰嘰嘰嘰……
在……

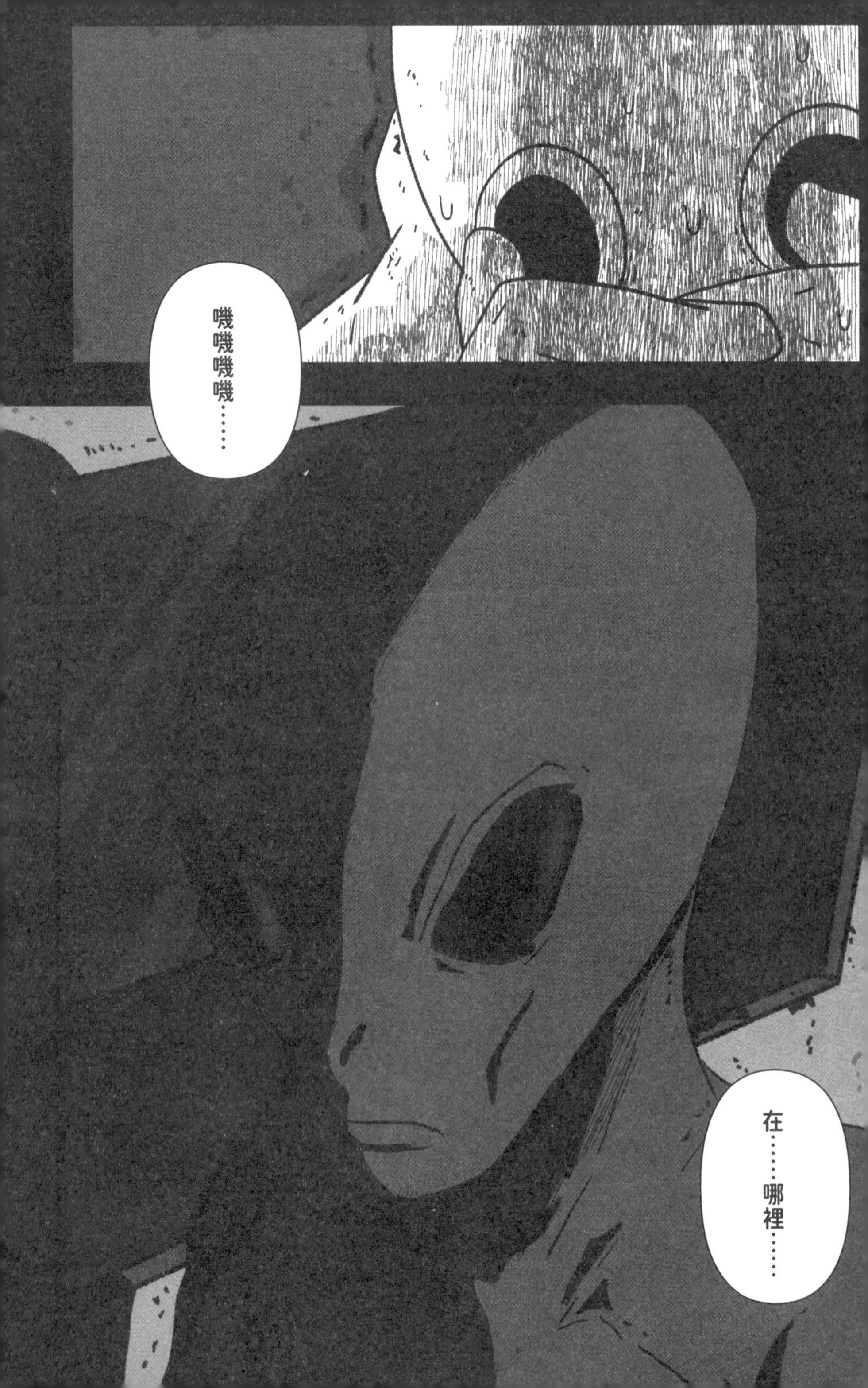

嘰嘰嘰嘰……
在……哪裡……

汪汪！
!!!
啊，沒事的。抱歉讓你擔心了，我剛在發呆。
我們繼續往裡頭找看看吧！

不知道倉庫裡會有什麼東西呢？
希望至少有泡麵！
嘻嘻嘻！
我知道我不是來找泡麵的。
抱著一點希望，能找到一點他們活著的線索也好。

看到牆上的血漬，我才意識到，他們是眞的離開了。

一年前
外星人這樣攻擊，沒完沒了的。
前面有一家超商，你們等等先過去，補充一些貨源。
我在附近觀察一下，看看四周有沒有外星人佔領的痕跡。
你跟我們走吧，一個人危險啊！
我盡量帶你們繞過那些地方。
沒關係，這附近我熟。你們補好貨源，在山腳下公車站跟我會合。
就讓我的生命帶來一點用途吧！

走吧！
要活下來啊！
出現
嘰嘰嘰嘰嘰嘰嘰……

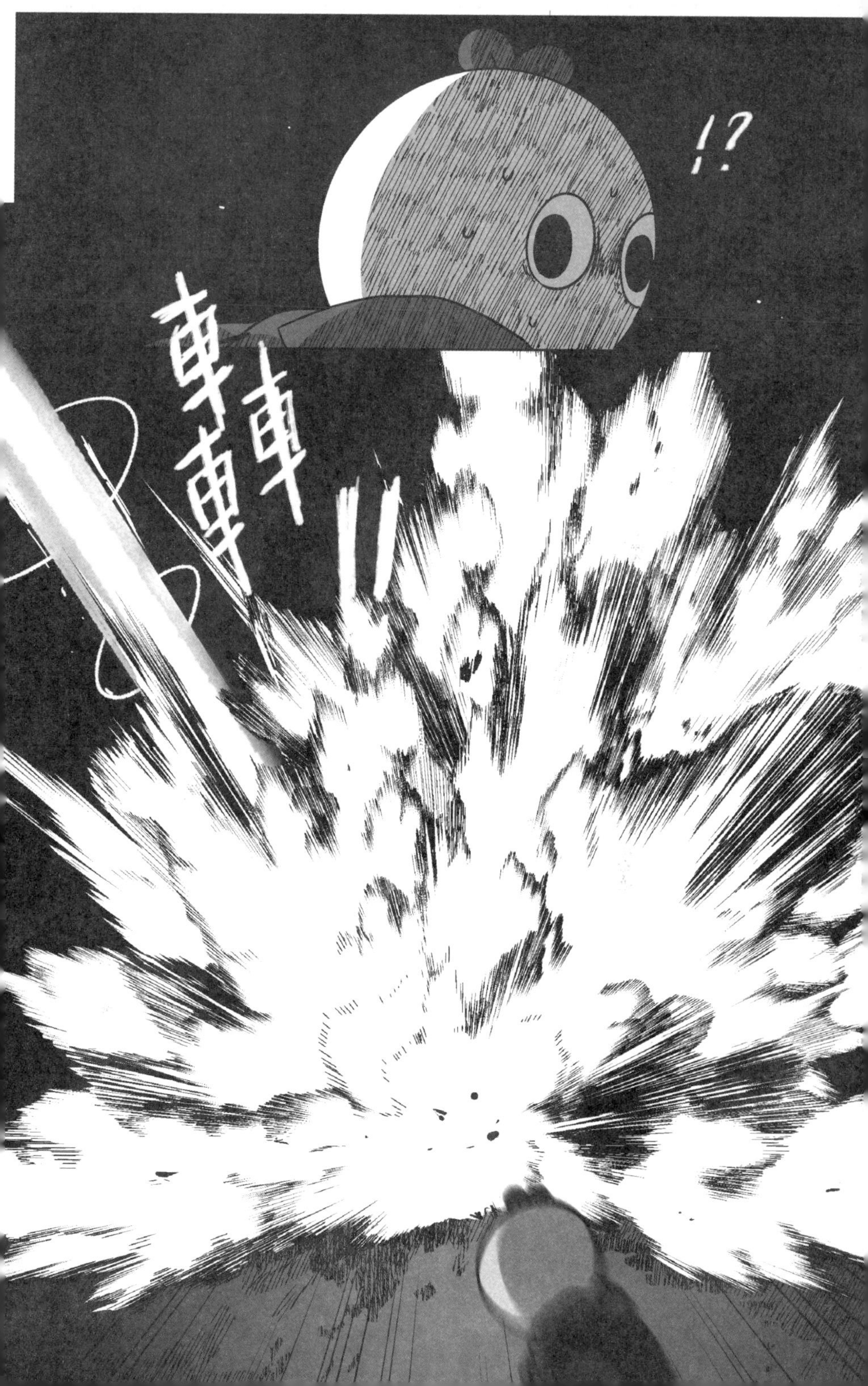
!?
轟轟

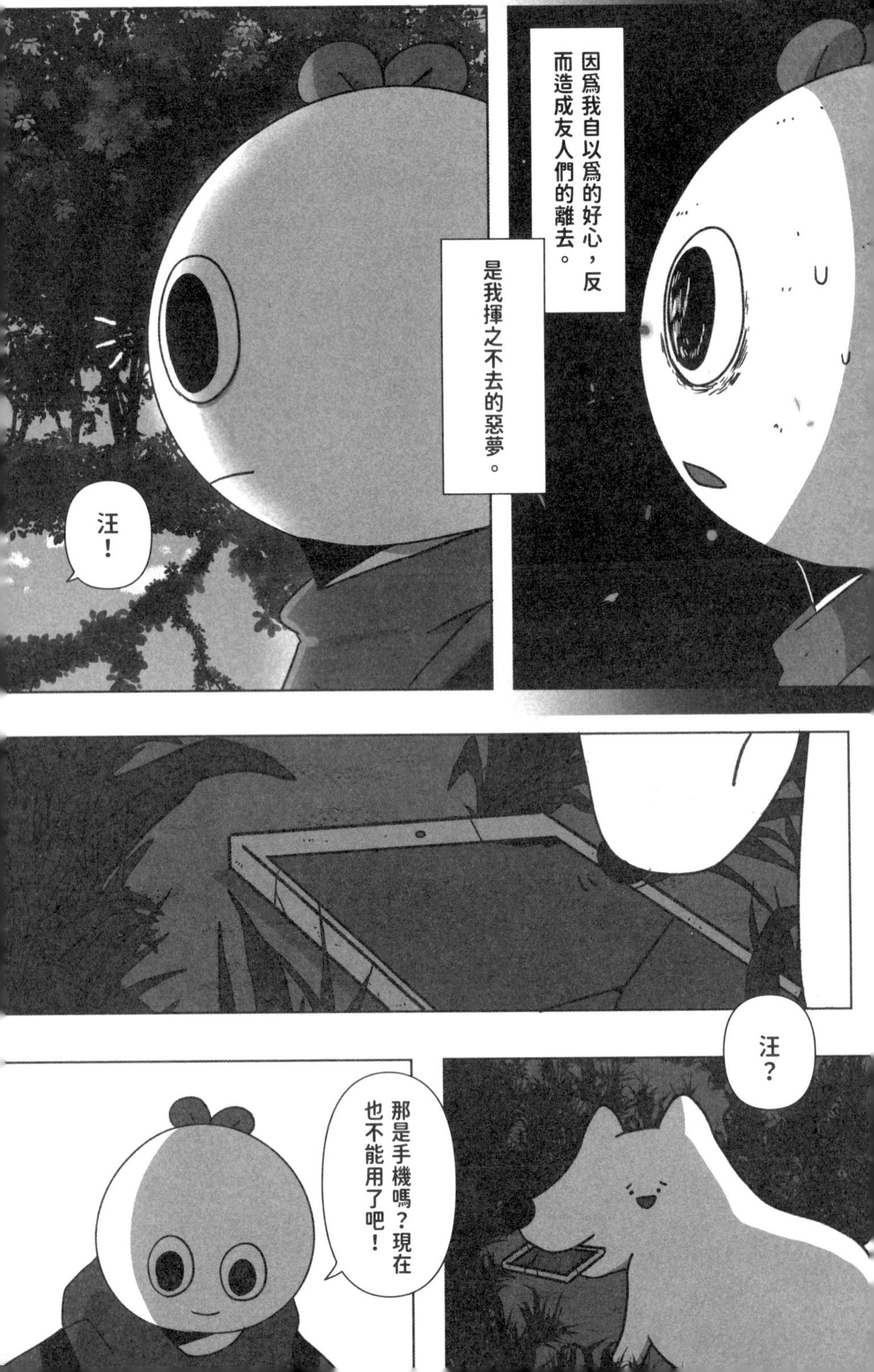
因爲我自以爲的好心，反而造成友人們的離去。
是我揮之不去的惡夢。
汪！
汪？
那是手機嗎？現在也不能用了吧！

啊？
!
你是想要幫它充電嗎？
亮起

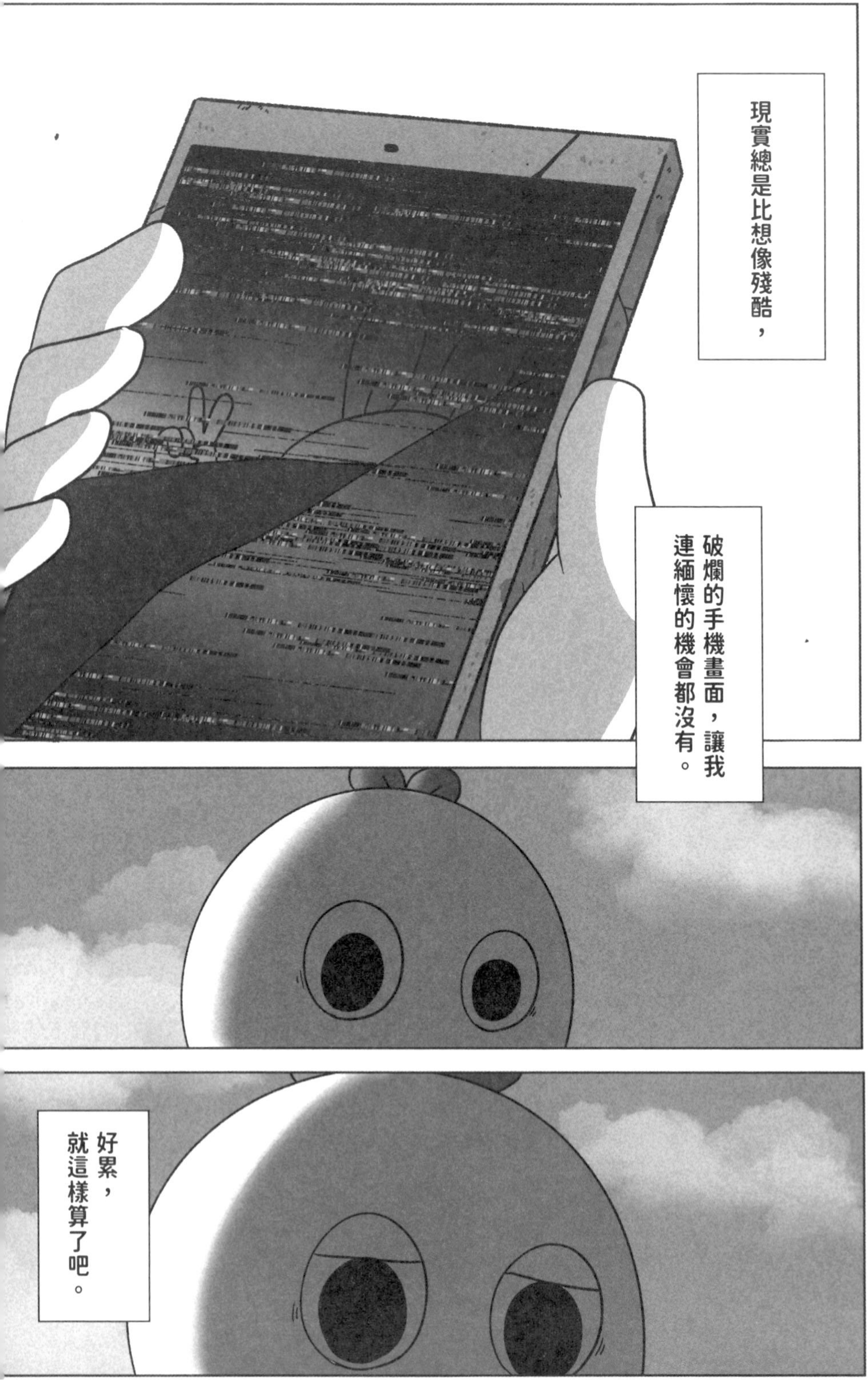
現實總是比想像殘酷，
破爛的手機畫面，讓我
連緬懷的機會都沒有。
好累，
就這樣算了吧。

開心狗，對不起耶！我好像沒辦法再撐下去了。
這一年真的好累，我想休息了。
如果有外星人出現，你就跑吧！你那麼強，一定可以活下去的。
其實我本來沒什麼朋友，直到遇見了他們，還有你。
我的人生才有了希望。
你們都是我的寶藏。

所以，
我希望你好好活著，不要再保護我了！
嘰嘰嘰……
!?

嘰嘰嘰……
找到了……
最後一個人類，
還有……
叛徒。

掙脫！
嗖—
轟轟—
因爲害怕，所以就先下手爲強嗎？

磅
轟轟
開心狗……你……
速度……跟威力都很不錯……
但是……

碰轟轟轟
不足以打倒我！

嘰嘰嘰……
以「開心」爲原動力的你，是無法抗衡吸收「求生欲」的我們的。
那個人類也眞是特別，一直保持著低迷的求生欲，可是讓我們找了好久呢！
接下來只要……
!!?
……
嘶嘶嘶
爲了保護一個人類，而把自己變成這種醜態，
眞是可悲呀……

我一定會保護他的！

我終於要死了嗎？
太好了。
活著眞的太累了。

總是做出錯誤的決定，
膽小、自私、悲觀，總是在後悔。
這樣的我，總算可以結束這樣的人生了嗎？

汪！
!!
驚醒

我們要去哪？
……
謝謝你。

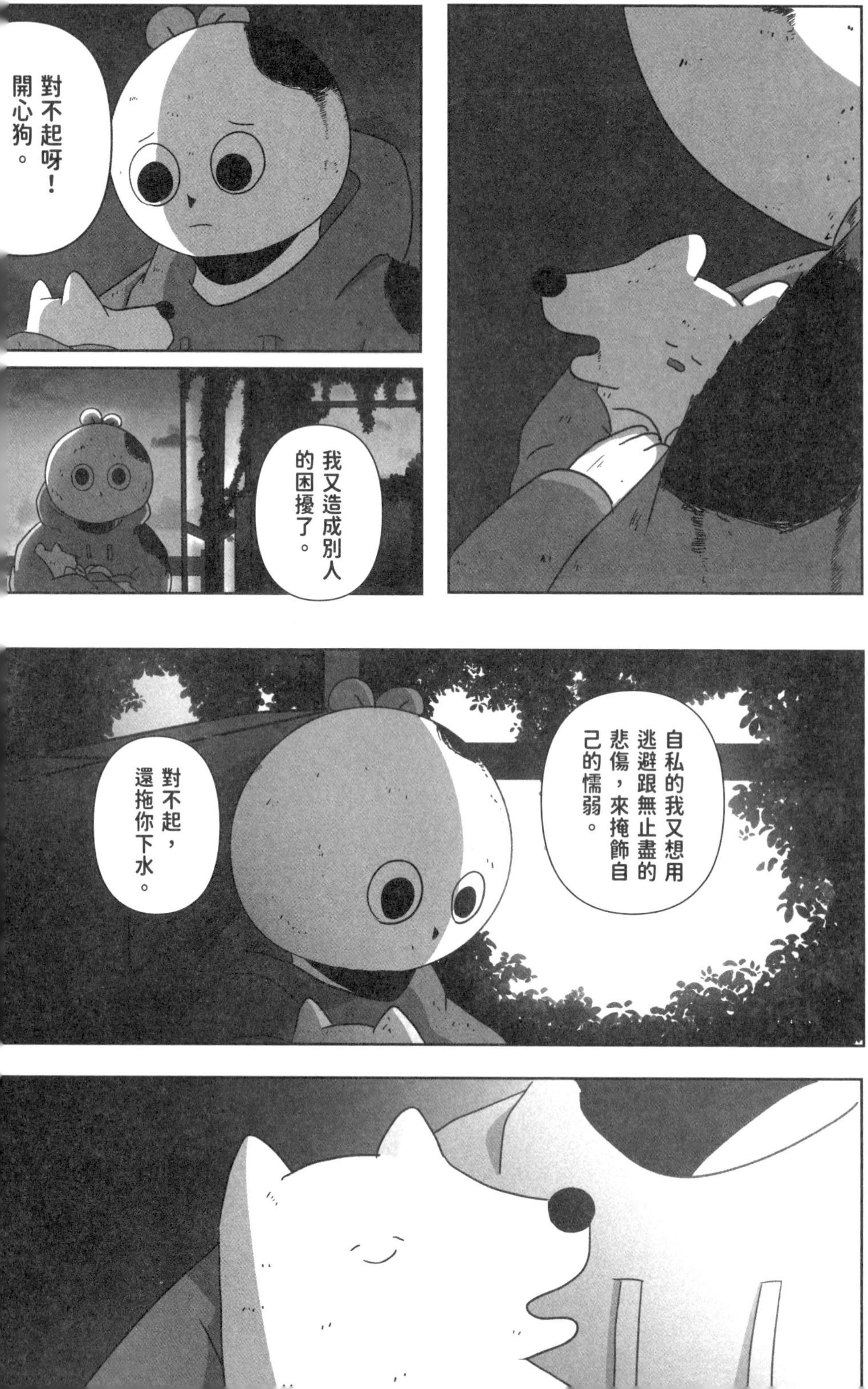
對不起呀！開心狗。
我又造成別人的困擾了。
自私的我又想用逃避跟無止盡的悲傷，來掩飾自己的懦弱。
對不起，還拖你下水。

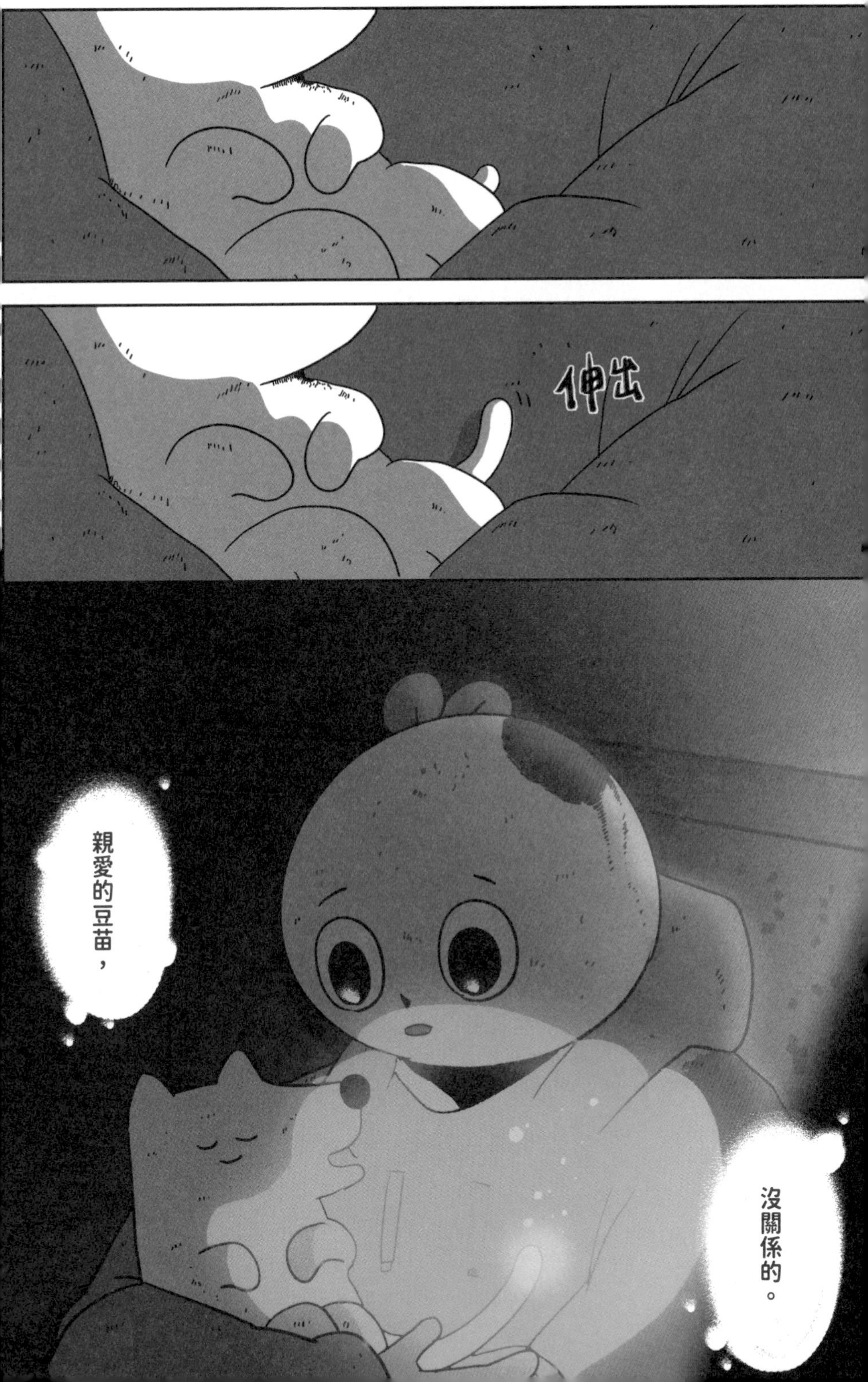
伸出
親愛的豆苗，
沒關係的。

明知道我是外星生物，卻還是對我照顧有加，
雖然剩沒多少食物，卻也總是記得分給我。
生命就是這樣，
我們互相打擾，但也互相依賴。

當你悲傷的時候，我也會很悲傷。
但我希望你對我的記憶是快樂的，所以我一直對你笑。
或許對你來說，生命的意義，
是一件很嚴肅很龐大的事情。

但對我來說，光是與你在一起，
就足以成爲我生命的意義。
所以，親愛的豆苗，
你要相信有人會愛著這樣的你。

眞的謝謝你。

晚安囉！開心狗。